1

Norbert-Bertrand Barbe

REFLEXIONES SOBRE LOS ORÍGENES, LOS ALCANCES Y LA GEOPOLÍTICA DE LA FILOSOFÍA LATINOAMERICANA

I - REFLEXIONES SOBRE EL ORIGEN DE LA FILOSOFIA LATINOAMERICANA (A PARTIR DE LA LECTURA DEL LIBRO: *INTRODUCCION A LA HISTORIA DEL PENSAMIENTO LATINOAMERICANO* DE BIRGIT GERNSTEMBERG Y KARLOS NAVARRO)   4

II - ALCANCES Y LÍMITES DE LA FILOSOFÍA LATINOAMERICANA - ANTE EL RIESGO DE ESTANCAMIENTO   23

III - DE FANON A GALEANO: LA CUESTIÓN DE LA TERRITORIALIDAD COMO ASIENTO DEL DISCURSO PROPIO   112

I - REFLEXIONES SOBRE EL ORIGEN DE LA FILOSOFIA LATINOAMERICANA (A PARTIR DE LA LECTURA DEL LIBRO: *INTRODUCCION A LA HISTORIA DEL PENSAMIENTO LATINOAMERICANO* DE BIRGIT GERNSTEMBERG Y KARLOS NAVARRO)

La base ideológica del discurso acerca de la filosofía latinoamericana no puede obviarse, tampoco que la necesitad de aclarar su afirmación como, para citar Leopoldo Zea, *"filosofía sin más"*. Ideología doble, ya que por una parte se expresa mediante la auto-definición secular de que la filosofía nació en Europa, y por otra da cuenta de las relaciones de poder con el discurso latinoamericanista - y el llamado no occidental en general -.

Obviamente, hablar de filosofía o plantearse lo que es filosofía tiene que remitirnos al conjunto de categorías, y por ende, hacia las fuentes, a las preocupaciones de la filosofía desde los que le dieron su nombre: los antiguos griegos. Así que hablar de una filosofía que no sea propiamente filosófica, sino que otra cosa, en particular mítica, como sería según los mismos latinoamericanos su filosofar, no puede tener sentido.

En contraparte, no sólo Pitágoras lleva las primeras bases (matemáticas y religiosas) de la filosofía clásica de Egipto y de la Asia Menor, sino que en los comienzos de los estudios lógicos, fundamentos de la filosofía, destacan los chinos Mo Ti (Mo Tseu) (479-381 a. J.C.?), Sin Tseu (315-236 a. J.C.?) y Tchuang Tseu (finales del s. IV a. J.C.). Así que se derrumba el mito del nacimiento de la filosofía en Grecia.

Tenemos ahora dos elementos en manos: que la filosofía tal como la conocemos deriva obviamente de teorías no occidentales, pero que el llamado sistema filosófico clásico nace cuando se le da nombre en la misma Grecia. Lo que implica a la vez la ausencia de solución de continuidad histórica entre pensamiento occidental y no occidental (se conocen por ejemplo en los primeros siglos de nuestra era la importancia del movimiento filosófico y lógico Nyaya de India - con el *Nyayasutra*, primero de los tratados de lógica nranhmánica que se posee, fechado en el siglo I - así como la transmisión en línea directa y exclusiva de la herencia clásica greco-romana al mundo árabe, después de la invasión de Europa por los bárbaros nómadas), y la idea que los centros de interés desarrollados por la filosofía - siempre y cuando se pretende hablar de lo que es filosofía - deben revisarse en función de las normas griegas y posteriores.

En otras palabras, la historización de la cuestión filosófica nos lleva a plantear que no tiene vigencia un concepto no creado: el término filosofía, con sus particularismos, nos viene de los griegos. No se le puede contraponer otra forma para-filosófica de pensamiento que le sea similar para justificar el carácter filosófico de formas ideológicas no propiamente filosóficas. Sin embargo, nos damos cuenta de que las preocupaciones de la filosofía tal como la heredó el mundo árabe y europeo de los antiguos greco-romanos eran comunes a menudo no sólo a los pueblos de la gran Grecia, del litoral mediterráneo y de la Asía Menor, sino también a todo los pueblos desarrollados de Asía.

Otro elemento previo que se debe de tomar en consideración es la importancia religiosa del primer filosofar. Sin embargo este carácter religioso del filosofar no implica adecuación o identificación entre filosofía y religión. De hecho, idénticamente la medicina en sus primeros intentos se acercaba mucho al chamanismo, sin que por lo tanto ni en sus desarrollos posteriores ni en su función inicial se la pueda asimilar así no más a una mera práctica religiosa. Es decir, de la misma forma que las ciencias como la astronomía se desprenden de la filosofía, sin por lo tanto confundirse con ella, o peor en el caso referenciado con la astrología, filosofía y medicina se desprendieron como formas particulares del pensamiento de expresiones anteriores del pensar con las que ya no tenían más que parentesco. Para aclarar esta última idea, citaremos a nuestro maestro Claude Frontisi, profesor de Arte Contemporáneo en la Universidad de París X-Nanterre, cuando, respondiendo a las críticas formalistas hechas a Pablo Picasso y el arte abstracto, las cuales afirman que cualquier niño pudiera producir obras de este tipo, él recordaba la diferencia fundamental entre Picasso desconstruyendo las formas clásicas de representación de las que tenía perfecto dominio, y un niño que intenta ingenuamente construir su mundo a partir de su incapacidad de dibujante. De lo mismo, mientras el pensamiento mágico y la religión, si bien son sistemas cerrados y por ello mismo lógicos en sí, se proponen conceptualizar y dominar como dice Alfonso Caso el mundo circundante, la filosofía, la medicina, la astronomía o la matemática, aun en sus primeros balbuceos, intentaron desencadenarse de sus inmediatos antecedentes que son los modos de pensar ilógicos y religiosos, construyendo estructuras normativas y funcionales de aprensión objetivas del mundo. Mientras la religión se quedó en el plano de lo dado y de lo inmediato, o sea de la concepción subjetiva que se puede tener de la realidad, en sus logros como en sus malogros la ciencia y la filosofía evolucionaron hacia un permanente intento de racionalización y objetivización de esta misma realidad.

Todo lo anterior nos lleva a replantear la concepción que comúnmente se tiene de la filosofía latinoamericana como derivada de la cosmogonía precolombina. Idea poco sensata a pesar de todo: primero porque precisamente se perdió casi por completo la herencia intelectual de los antiguos pobladores de América; segundo porque como acabamos de apuntar hay una gran diferencia entre lo mágico y lo filosófico, lo filosófico como metalenguaje intentando siempre extraerse de las formas primigenias de lenguaje y pensamiento, los cuales más bien vienen a ser su material de estudio (lo vemos no sólo en el plano religioso o estético, sino también político con *La República* de Platón o *De la Tiranía* de Jenofonte); tercero porque, como lo asientan paradójicamente los autores que plantean esta supuesta continuidad entre lo precolombino y lo colonial, los primeros textos filosóficos de América Latina son históricamente siempre el hecho de jesuitas o cristianos colonizadores[1], emergiendo a partir de la adquisición sino de un discurso por lo menos de una voz propia dentro de las academias y las instituciones escolásticas y más tarde ilustradas, por ello mismo directamente influidas por los discursos europeos[2].

Por todo lo anterior, la filosofía latinoamericana se expresa dentro de la tradición filosófica europea y griega, y el oponerla como un *""filosofa(r)" por intuición, sensibilidad o impresionismo... obra*

[1]Birgit Gernstemberg y Karlos Navarro, *Introducción a la historia del pensamiento latinoamericano*, Panamá, Christian S. Kohr, 1998, reed. Managua, CIRA, 2002, pp. 25-39.
[2]*Ibid.*, pp. 39-90.

dispersa" a "*la fría condición del tratado sistemático y escolástico, típica del mundo occidental*"[3] no tiene razón, ni histórica (ya hemos señalado el origen de hecho escolástico del filosofar latinoamericano) ni lógica. ¿Pues, como podemos oponer textos filosóficos a textos que sencillamente no lo son? Sin embargo los poetas y críticos Alvaro Urtecho y Erwin Silva[4] lo hacen, por la misma tradición e ideología criollas de finales del siglo XIX de lo propio - lo mestizo de doble raíces hispánicas e indígenas - como distinto de lo europeo, afirmación que lleva a buscar en lo precolombino una herencia que no hay (salvo si consideramos que las especulaciones y logros

---

[3]Alvaro Urtecho, "*Prologo*", *ibid.*, s/n, v. también el "*Epílogo*" de Erwin Silva, *in ibid.*, pp. 166-167.
[4]*Ibid.*

matemáticos de los pueblos precolombinos fueran lo más cercano a preocupaciones filosóficas en el sentido lógico y también histórico, por derivación de lo que ocurrió en el ámbito eurasiático y transplante comparativo al contexto americano), y a obviar toda la rica tradición filosófica latinoamericana reemplazándola en el pensamiento sobre sí mismo por el exclusivo trabajo literario ("*es decir, tenemos un Sarmiento, un Martí, un Paz, un Rodó o un Alfonso Reyes, pero no un Platón, un Kant o un Hegel*", Urtecho, *ibid.*; "*... Pedro Enrique Ureña, de República Dominicana y... José Enrique Rodó, del Uruguay, de quien nuestro Rubén Darío dijera: "José Enrique Rodó es el pensador de nuestros tiempos,...*"*[5]), que tampoco es

---

[5]Silva, *ibid.*, p. 167.

filosófico, tratándose una vez más de un lenguaje, no de un metalenguaje.

Satisfaciendo tanto las ideologías occidentales (ausencia de formas de pensar realmente concretizado fuera de Europa) y no occidentales (inscripción en la posición martiriológica en la que los teóricos de la dependencia ya han reconocido la necesidad de mantenimiento de la oligarquía nativa en su situación de poder), se encuentran tales contrasentidos en el pensamiento africano (criticados a su vez por Mongo Beti, que precisa la educación en el exterior de la clase dominante como uno de los rasgos explicativos de la apropiación del discurso ajeno). Así podemos registrar en la última página del *Nuevo Amanecer* para la Fiesta de Santo Domingo del 2002 el texto de un nicaragüense resaltando lo "*festivo*" de la cultura nacional, mientras sabemos que tal tema se emplea en la literatura y el pensamiento occidental para definir sociedades todavía en estado de barbarie, lo que pudimos averiguar también en la tesis de maestría de la Lic. Laure Vhernes sobre *Los fotógrafos mexicanos contemporáneos*, dirigida por Frontisi e defendida en la ya aludida Universidad de París X. De lo mismo, como editor tuvimos la ocasión de recibir para publicación la tesis de doctorado de una profesora de universidad francesa, tesis sobre un novelista cubano de tendencia "exteriorista" e histórica, lo que llevaba la autora a plantear: primero la ausencia (¿?) de una historia científica en Cuba, así como de un estudio de su propia historia por parte de los cubanos, segundo una crítica histórica del material novelesco por ella elegido como si se tratara de un trabajo científico y no de una mera obra literaria, y todo ello al margen, obviamente, de la amplia discusión de los filósofos latinoamericanos sobre la historia como relato y el relato de la historia que además ellos llevan a cabo dentro del marco de una revisión y crítica de la historia colonial.

Es, pues, curioso que los estudiosos de la filosofía latinoamericana, después de recurrir su historia, vean en ella no una forma peculiar y propia de apropiación del discurso filosófico clásico, sino una manera de pensamiento inconsistente y volátil, fundamentado en creencias precolombinas que, si bien conforman un universo cosmológico y cosmogónico complejo y completo, lógico en sí, no pueden alcanzar jamás, como lo subraya muy bien Urtecho, el carácter analítico sistemático de una epistemología cualquiera.

Suponiendo que los autores Birgit Gernstemberg y Karlos Navarro hayan revisado sus primeras páginas después de acabar con su obra, que sin duda alguna es el compendio más indispensable hoy en día en Nicaragua y la visión más seria que se haya dado en el país de la evolución filosófica del pensamiento latinoamericano, nos preguntamos: ¿cómo han podido ellos seguir pensando que se fundamentaba el filosofar latinoamericano en la cosmogonía precolombina? Lo que, resaltando nuestra crítica a la idea de la filosofía latinoamericana como objeto parado en el tiempo, inmóvil y al fin inactual, lleva los autores a utilizar como punto de partida para explicar la conquista al texto titulado *La conquista de América - El problema del Otro* del pequeño y pésimo barthesiano Tzvetan Todorov. Prueba de la ideología subyacente a la concepción del filosofar latinoamericano como filosofar no sistemático, Gernstemberg y Navarro, siguiendo ciegamente a Todorov (*ibid.*, pp. 16-24), asumen su reescritura de la historia en sentido eurocéntrico, al oponer el ensimismamiento no lógico del pensamiento indígena a la capacidad de comunicación de los europeos conquistadores, cuando muy bien se sabe que al contrario el reconocimiento y la apertura al otro fue más rápida por parte de los indígenas que por parte de los españoles obsesionados por su reciente liberación de los moros (véase todavía hoy en día las expresiones populares sobre cristianos y moros), o por parte de los europeos en todo el proceso de conquista, apropiación y robo de las tierras americanas por razón de la supuesta incapacidad de los indígenas no cristianos a asumir la propiedad de sus bienes.

En este sentido, es evidente la permanencia del discurso dominante en las aproximaciones al pensar latinoamericano. Parafraseando a Arturo Andrés Roig, diríamos que el libro estudiado, pensando el filosofar latinoamericano, se queda en sus premisas en el puro "*discurso contrario*" sin llegar a asumir un "*discurso en contra*". Dicho de otra forma, y en palabras de Franz Fanon, dentro de la hegeliana relación amo-esclavo, el esclavo no sólo es esclavo del amo, sino también de los modos de pensar impuestos por el amo, como en nuestro caso preciso la idea de la imposibilidad de los no occidentales a asumir una forma de pensar coherente y racional. Lo que, claro, es totalmente erróneo.

Ahora bien, quisieramos terminar con una necesaria aclaración: no negamos el legado precolombino, y tampoco lo menospreciamos. Nuestro propósito no es reducir el pensamiento latinoamericano a lo europeo, ya que, como hemos dicho al inicio, no hay especificidad real de los objetos del filosofar europeo respecto de los demás filosofar de la época antigua en adelante, sino evidenciar que la filosofía latinoamericana se define como filosofía de por sí, ya que se relaciona internamente en su historia y su evolución con dichos objetos. Eso sin que, desgraciadamente, por culpa del oscurantismo de los conquistadores, sea posible en el estado de nuestros conocimientos, resolver de manera convincente la cuestión de la existencia en el mundo precolombino de una forma de filosofía a su vez definida como objeto de estudio, es decir por su temática(s) concreta(s) y evolución.

II - ALCANCES Y LÍMITES DE LA FILOSOFÍA LATINOAMERICANA - ANTE EL RIESGO DE ESTANCAMIENTO

"¿Qué busca el hombre? ¿Qué busca el negro? A riesgo de molestar a mis hermanos de color diré que el negro no es un "hombre", Hay una zona de "no-ser", una región extraordinariamente estéril y árida, una degradación totalmente deprimida en la cual una autentica revolución puede nacer."

(Franz Fanon, *Peau noire, masques blancs*, París, 1952)

A) Unas necesarias aclaraciones previas

Nos parece importante aportar, previamente al siguiente texto, una serie de elementos aclaratorios de su orientación e intención, para permitir mejor al lector percibir nuestro propósito y no equivocarse en él.

En primera instancia, es importante decir que cuando hablaremos de "*raza*", no nos referimos a un concepto por nosotros pensado u abogado, ni siquiera (tampoco) al concepto de "*raza*" decimonónico desarrollado en y desde Europa para clasificar los tipos que hoy solieramos mejor llamar étnicos. Nos referimos al concepto de "*raza*", que sí proviene de Europa y se retoma de ella, pero en la filosofía latinoamericana, concretamente en el libro fundador de 1925 de José Vasconcelos titulado *La raza cósmica*. No nos referimos a dicho libro ni al concepto en éste de "*raza*" de forma anecdótica, sino medular, pensando que este concepto, tal vez encontrado desde otras perspectivas y con otros nombres, rebota y reaparece en toda la filosofía latinoamericana y latinoamericanista a lo largo y ancho del siglo XX. Por ejemplo, uno de sus particulares enfoques es la oposición (del *Ariel* de Rodó a su transformación en la filosofía de Roig) entre una América supuestamente blanca, de origen meramente europea, y otra, supuestamente mestiza (entendiéndose por mestizaje exclusivamente - o en mayor medida - la mezcla entre lo indígena y lo español), cuya cualidad, precisamente, mestiza la induciría más a reconocerse en lo indígena que en lo hispánico (desde la teoría, por así decir, de la horizontalidad de las interrelaciones sociales entre los indígenas peruanos versus la piramidalidad de la estructura del poder impuesto desde Europa en Mariátegui, a las abundantes y variadas disertaciones, tanto de Carlos Fuentes en *El espejo quebrado* como de Roig en su comparación contradictoria entre la *Biblia* y el *Popol Vuh* en su libro *Teoría y crítica del pensamiento latinoamericano*). Dicho de otra forma, no quisieramos que se nos imputara el uso del concepto de "*raza*" como un esfuerzo de estudio divergente entre lo latinoamericano y lo europeo como si fuera nuestro, sino que se entienda que intentamos en el siguiente ensayo entender cómo y por qué la filosofía continental lo ha utilizado, y ver cuáles son las consecuencias "prácticas" (en tanto que se puede hablar de practicidad de la teoría filosófica) que ello implica en la elaboración, el desarrollo y la difusión del pensamiento propio (hasta en la curiosa reapropiación de la cuál es difícil saber si es voluntaria e intencional o "inocente" y no pensada de lo que Fanon llamaría el discurso del amo por el esclavo). Tampoco pretendemos preocuparnos de si o no es válido (biológica, genética y antropológicamente) el concepto de raza, sino constatar que el continente la usa de forma paradigmática, a tal punto que todavía hoy se celebra el "*Día de la Raza*" (12 de octubre), menos ambiguamente llamado "*Columbus Day*" en los Estados Unidos.

Notaremos también que, asimismo, la centralidad del concepto de "*raza*" (por definición racista y, en su génesis histórico, eurocéntrico) es el también utilizado, en América, por los negros norteamericanos con el slogan del "*Black Power*" (1966).

Por un lado, de manera esquemática y con cierto facilismo, podríamos atendernos a la tesis de Fanon, y ver ahí nada más que el recurso del dominado de reasumir el discurso del dominador, primero porque no tiene otro del que partir, segundo, consecuentemente, para liberarse de él.

Nos parece que, también, se debe contemplar un hecho mucho menos racista y mucho menos aceptable, pero real: el ser sometido no implica ser bueno. Es decir, lo vemos con los judíos en Palestina, los africanos matándose como en el caso Tutsi-Hutu, etc., el ser negro no es un valor en sí, tampoco que el ser blanco, o pobre, o rico. El ser humano es lo que nos define a todos, por lo que debemos aceptar que hay un fondo universal de racismo, entiéndase de apología de la raza propia sobre las demás, gregario, chocante para la mente culta y "humanista" por así decir (y sin remitirnos al debate histórico sobre el humanismo renacentista que dio nacimiento a la Inquisición, pero es obvio que era más humanista, en sentido estricto - no sólo de contemporaneidad cronológica -,

Galileo que el Papa), pero cierto. Así, Pablo Antonio Cuadra andaba de camisa negra en la Granada de su juventud, Vasconcelos promovía la raza cósmica mientras los alemanes hablaban de la aria, y años más tarde, justo después de la Segunda Guerra Mundial los negros en los Estados Unidos, humillados y sometidos por los blancos, se vanagloriaban del Black Power.

Llegado a este punto, queremos precisar, asimismo, que es siempre complicado, y hasta peligroso, hablar de cosas tan dúctiles como, precisamente, "el pensamiento (o la filosofía) latinoamericano/a", o bien "europeo/a" o aún más precisamente "francés" o "alemán", etc. sencillamente porque ello implica dos postulados no dichos, pero sin embargo altamente implícitos (valga la redundancia): el primero que exista un *volksgeist* o espíritu de los pueblos (en sentido, también, decimonónico), que, sin embargo, en términos históricos serios, para poder definirse, debería primero comprobarse, aún cuando los Estados se conformaron tardíamente en todo el mundo; el segundo, que, por este *volksgeist*, hubiese una identidad casi perfecta a lo largo y ancho de un territorio, histórica y geográficamente, del pensamiento de todos y cada uno de sus representantes (es decir, de sus *ressortissants*). Lo que sabemos es bastante falso, como podemos comprobar fácilmente en la *à peu près* inexistente importancia de la negritud política o ideológica en los países como Nicaragua y Costa Rica (muchas veces notada por los teóricos de ambos países, pero nunca solventada), o en los debates regionalistas e independendistas en numerosos países, en particular europeos, como en las luchas, a menudo sangrientas, étnicas de los países tanto africanos como del antiguo bloque del Este. Sin embargo, y hecha esta aclaración, no deja de ser cierto el comentario de Curtius en su libro *Literatura europea y Edad Media latina* (en el cuál se posiciona contra los discursos raciales nazis), cuando recuerda que los pueblos europeos provienen ideológicamente y culturalmente de las mismas raíces. Por ende, no hay "*raza*" superior, porque somos una sola raza. De la misma forma, y siguiendo el procedimiento de

Curtius respecto de la literatura medieval europea, si revisamos, aunque consciente de que sería imposible para un solo hombre y en el espacio reducido de un ensayo hacerlo exhaustivamente, el pensamiento latinoamericano (o, más específicamente, de los autores hispanoamericanos contemporáneos, que no son de origen afroamericano - y a sabiendas que sin embargo existen grandes similitudes entre el discurso de la negritud y el de la latinoamericanitud, lo que estudiamos con mayor detenimiento en la primera parte de nuestro libro sobre *Arturo Andrés Roig y el problema epistemológico*, 1997 -), nos damos cuenta que en muchos temas hay una transversalidad notable de ciertos temas y preocupaciones. Digamos que al azar, para ilustrar nuestro propósito, podríamos citar: la interrogante étnica (¿quiénes somos, de dónde venimos, qué define el Ser Latinoamericano - entendido desde estos mismos autores, lo que, dicho de paso, sin embargo, consideramos en parte equivocado por las razones previamente mencionadas, es una *óntica* trascendental -?); la superposición implícita o explícita (como en Sergio Ramírez o Julio Valle Castillo en narrativa) entre la época colonial (simbólica para estos autores de un sometimiendo pre-imperialista) y la época contemporánea (marcada por el imperialismo norteamericano en la "región"), lo que es, a su vez, una visión ahistórica de la misma evolución del pensamiento latinoamericano (volveremos sobre este tema, pero lo revela suficientemente la asunción dariana y a la vez rodiana y hasta martiana de que los Estados Unidos son los "*bárbaros*" de América Latina, convertida en el posterior discurso "zeaiano" o roigiano, así como en teatro en Pablo Antonio Cuadra y en poesía en Joaquín Pasos, de que es la América Latina, violada, ultrajada, empobrecida, la pariente pobre, el monstruo Calibán shakespeariano - que cambia así de atribución entre Rodó y Roig -, el ser sometido obligado a permanecer por efecto de la imposición ajena en dicha "*barbarie*" como revela el título de uno de los principales textos de Zea); o bien, consecutivamente a las complejas pero muchas veces similares situaciones políticas de gran parte del continente en el mismo siglo XX (todas las dictaduras son bastante similares), el recurso del relato policíaco para representar situaciones de guerra (lo que revela la repetición de aquello en los análisis de los distintos autores de los distintos países estudiados en el volumen *Roman Policier et Histoire en Amérique latine*, Université de Provence Aix-Marseille, Équipe d'Accueil Etudes Romanes EA 854, 2007); finalmente la misma literatura de guerra, reconocida como el (o al menos uno de los) más importante(s) temas de la narrativa centroamericana contemporánea.

De ahí que otra aclaración necesaria es la siguiente: sería imposible abarcar, por el mismo espacio "ensayístico", el conjunto de todos los autores que han influido en el pensamiento continental, y de sus obras. Razón por la que, si bien no pretendemos dedicarnos al estudio de un autor en particular, hay algunos que el lector encontrará más citados en el siguiente texto, como Vasconcelos, Zea, Roig, Mariátegui, etc. Lastimosamente, el espacio impartido no permite (y tampoco era nuestra pretensión) resolver este problema. Pero sí, aquello no dejara de generar preocupaciones. En primera instancia, y con mucha razón, algunos lectores entenderán que, por ende, estamos tratando dichos autores específicos más que "el pensamiento latinoamericano" en sí. Nos parece que si así se quiere ver, es honorable esta opinión, y bien el lector tiene el entero derecho de quedarse con esta impresión, que, a lo mejor, es cierta. Sin embargo, debemos a la verdad que no fue esta nuestra intención. Nuestra intención es la que dice el título del presente trabajo: intentar organizar lo que hemos podido observar (en particular dentro de las temáticas recurrentes) del pensamiento latinoamericano contemporáneo para pensar un problema difícil para nosotros, a distintos niveles, en particular desde la perspectiva de lo que se suele llamar lo políticamente correcto u incorrecto, lo que no nos pertubaría mucho si sólo de esto se tratase. Pero dado que revisar, desde nuestra situación de no latinoamericano (aunque sí residente, estudioso y casado con una latinoamericana), el pensamiento que no es nuestro, peor aún siendo europeo, es siempre ponernos, no tanto por temor a nuestra reputación, sino más bien a la pertinencia de nuestro aporte, en la cuerda floja. Y vale decir que ni esta excusa o aclaración sirve de nada para resolver el caso. Así que cada quien lo vislumbrará como piensa, sin que difícilmente se le pueda contradecir. Otra interrogante provocada por la selección (ya lo dijimos, necesaria, obligatoria) de autores, es si realmente éstos son representativos del pensamiento que, a través de ellos, nos proponemos estudiar, a saber el latinoamericano. Ahí dos respuestas se nos presentan: primero, precisamente, creemos que nadie puede negarnos que tanto Zea como Roig sean puntos focales y hasta, como se ha llamado a Zea, patriarcas del pensamiento y la filosofía latinoamericanistas. Mucho menos se nos lo negará, por ejemplo, de Vasconcelos o Mariátegui. Dicho de paso, la misma variedad de las nacionalidades mencionadas, si se fija el lector, abarcan todo el continente, desde el México mesoamericano hasta el cono Sur, lo que en parte responde a la anterior interrogante sobre la validez metodológica de abordar algo tan inabarcable como todo un continente para representárselo, y representarse su pensamiento, obligatoriamente fluctuante, variado, polifacético. Segundo, pediremos al lector un salto de fe, que no nos debe, pero que tal vez será en voluntad de acordarnos, confiando en nuestra pericia para, al menos, si después quiere desecharla o criticarla, tomarse el tiempo de leer el siguiente texto de forma abierta, y ver si vale o no la pena, y si nuestra selección de autores y de problemas engendrados según nosotros es real o ficticia, producto de nuestros propios prejuicios, que a lo mejor algunos llamarán eurocéntricos, y tal vez tendrán razón. No nos corresponde a nosotros decidirlo. Al pretender que los filósofos y pensadores en los que más hemos decidido enfocarnos, intentando, asimismo, para decirlo de otra manera, crear un *corpus* estable, relevante y significativo, son, por consiguiente, lo suficientemente representativos para que puedan ilustrar el pensamiento continental en su conjunto, lo que, lo hemos dicho, implica pedirle al lector un salto de fe, nos ponemos, metodológicamente, en la postura de Marx ante lo que él llamaba los "*pequeños kantianos*", aduciendo que no le era necesario estudiar todos y cada uno de los kantianos del siglo XIX, cuando no hacían sino reproducir las grandes líneas del pensamiento que encontraba en el maestro. Por lo mismo, si los puntos que encontramos en los filósofos elegidos (y así creemos que sea, por eso mismo elegimos Patriarcas de la filosofía latinoamericana) son, como decimos, focales en el pensamiento continental, no es necesario modelizarlos una y otra vez (por lo menos en el reducido espacio de un ensayo) en los matices que les pudieron dar cada pensador específico, mientras las grandes líneas ideológicas permanecen. Sobre este punto, creemos válido también agregar que, como Panofsky o Dumézil ante sus respectivos detractores, no creemos que la mente humana, en su proceso histórico, sufra grandes soluciones de continuidad, de una época a la otra, y/o dentro del mismo espacio ideológico, sino más bien todo lo contrario, por lo que, asumiendo como uno solo el espacio latinoamericano, construido desde los propios valores reconocidos y reivindicados por los pensaodres continentales (la hispanidad, el catolicismo, el origen indígena y el proceso de mestizaje), nos parece ser la consecuencia lógica de ello, desde un perspectiva metodológica, abarcarlo como tal.

Finalmente, dos últimas aclaraciones: la primera, acerca del ámbito estudiado. De la misma forma que se nos puede reprochar estudiar todo un continente, cuando, a lo mejor, hubiese sido más factible estudiar nada más un autor, o un país (pero la verdad es que, como anteriormente dicho, no fue éste nuestro propósito, y los autores aquí estudiados, y este es el fondo de la cuestión, nos parecen, en sus planteamientos revelar, cuando no haber determinado la autoconsciencia continental contemporánea, en sus fuerzas como en sus debilidades), igualmente, se nos podrá reprochar sin duda abarcar, o ampliar la ilustración de nuestro pensamiento a casos tan pocos probables como la cocina y la cultura popular, aparentemente muy lejanos a las esferas intelectuales y filósoficas. Es, de nuevo cierto, pero se justifica, por lo menos a nuestros ojos, porque queremos defender la idea de que, como además lo sabe la ciencia, si la lengua evoluciona de abajo hacia arriba, la ideología evoluciona de arriba hacia abajo. Definiendo en el pueblo actitudes y pensamientos que a lo mejor sin la ayuda del tamiz del pensamiento culto no hubiesen existido. Y es, al fin, en este particular también, nuestro interés llegar a preguntarnos en qué la teoría culta o *savante* tiene como impacto en el pensamiento popular.

La segunda, acerca de nuestra postura respecto del pensamiento latinoamericano, para intentar que no se nos tache demasiado rápido de eurocentrismo. En los veinte últimos años, hemos dedicado una significativa parte de nuestros estudios a reflexionar acerca del pensamiento latinoamericano, desde dos vías: por un lado (en libros como en particular el ya citado sobre *Arturo Andrés Roig y el problema epistemológico*), la revisión de la diferencia positiva entre el pensamiento latinoamericano (en el cuál encontramos un asidero estético y objectivo a nuestras preocupaciones epistemológicas, que no encontrabamos en la

filosofía europea), y por otro (tanto
en artículos como "*Leopoldo Zea y
la crítica francesa*" como en libros
como *Métalangage et discours de
domination dans la culture et la
politique postmodernes*) en la
crítica de la recepción ahí sí
eurocéntrica a lo que Roig llamaría
los "*discursos contrarios*". Razón
por la que creemos podemos con
mayor calma y tranquilidad
presentarnos ante el público y
expresar nuestra (o cierta)
inquietud, no tanto en la seriedad,
profundidad o valor de la filosofía
latinoamericana, sino en lo que
aquí expresamos como su "*riesgo
de estancamiento*". No estamos, en
ningún momento, diciendo que tal
cosa vaya a ocurrir. Simplemente,
nos estamos haciendo una

pregunta que quisimos aquí compartir, para, como Flaubert, poner a "*l'épreuve du gueuloir*".

B) Continentalidad y raza: el marco geo-político

Ante todo, siendo lo que somos, nos enfrentamos, cada vez que hablamos de filosofía latinoamericana, a un problema contextual, social e ideológico.

El latinoamericano se enfrenta ante la definición misma de dicha filosofía ante el reto de integrar un campo geo-político a la cuestión filosófica en sí.

El no-latinoamericano se ve obligado a plantearse su propia relación (de dominación o dominante) ante este discurso.

Ahora bien, lo anterior nos ubica directamente en uno de los puntos más sensibles de la definición de la filosofía latinoamericana: nunca hemos oído hablar de filosofía europea, salvo dentro del propio discurso latinoamericano, que, de hecho, prefiere el concepto de filosofía occidental, como si Occidente se reducía a Europa y, en alguna que otra, implícita, medida, a los E.U. de América del Norte.

Si se habla de filosofía griega, es para remitir a un tiempo histórico (la antigua Grecia) más que geográfico. A prueba de ello, no se integra en el concepto los filósofos griegos contemporáneos.

A veces se habla de filosofía alemana, por el peso de Kant y Hegel, pero igualmente, entendido ésta como el período de culminación y auge en el mundo de esta filosofía: es decir, finales del s. XVIII e inicios del s. XIX. Con notable perduración en la segunda mitad de este último siglo, con Nietzsche por una parte y Marx y Engels por otra.

Si bien oímos hablar del espíritu francés en filosofía, debido a figuras relevantes, desde Descartes hasta Sartre, pasando por la paradigmática Ilustración, aunque más amplio en cuanto a panorama histórico, también es un concepto que sirve para distinguir este "*espíritu*" (concepto de origen decimonónico: el "*Volkgeist*") del alemán con el que compitió sin competir, pensamos en la contemporaneidad entre Ilustración y el Sturm und Drang, o a la relación entre Heidegger y Sartre.

Especificando más aún, dentro de estas realidades (todas europeas), a nadie se le vendría a la mente poner a Heidegger, tampoco que a Schiller, Herder,

Lessing, Kant, Hegel, o Schopenhauer, dentro de la filosofía francesa, ni a Sartre, Montaigne, Malebranche, Descartes, Voltaire, Montesquieu, Rousseau o Diderot en la alemana.

Igual especificación ocurriría refiriéndonos a los filósofos ingleses (Bacon, Hume, Locke, Hobbes, Russell), que, aunque nadie pensaría en unirlos por su pertenencia nacional, tampoco podrían ser confundidos con miembros de otros países europeos, asumiendo una unidad *por naturaleza* entre todos los países del continente en su parte occidental.

Por ende, es poco provechoso el concepto de filosofía europea, aún si puede servir para clasificar a los pensadores por campo geográfico.

Tampoco se suele imponer a la filosofía una clasificación nacional, por el mismo hecho referido por Curtius en la introducción a su libro de 1948: *Europäische Literatur und Lateinisches Mittelalter*: a saber que las ideas se han regado entre pensadores y escritores, sin importar su procedencia nacional.

De ahí que una primera pregunta tendría que ser: ¿Por qué la filosofía latinoamericana se autoproclama desde una supuesta unidad racial?

Dicho de otro modo, hablando de filosofía latinoamericana, estamos definiendo no a una corriente (como podría ser el positivismo o el estructuralismo) sino a una continentalidad. Por ende, asumimos que hay, entre los filósofos de esta parte del continente americano, algo, más allá de la teoría, de las corrientes, de la filosofía, o mejor dicho anterior a todo aquello, que los une: ¿Qué es? La raza, el origen étnico, o por lo menos continental.

Sin embargo, pocos esfuerzos son necesarios para hallar en los textos de los filósofos latinoamericanos una proclamación de identidad étnica (pertenezco a esta raza) más que simplemente continental (nací en este lugar): es la identificación con el indio, el indígena, el precolombino, cuyo sino contrario se rastrea de la Colonia hasta el imperialismo contemporáneo. Lo que, sorprendentemente para nosotros, llevará a Enrique Dussel, en una entrevista con el programa Contragolpe del canal oficial de Venezuela del 10/7/2010, en ocasión del reconocimiento Premio

Libertador al Pensamiento Crítico que le otorgó al filósofo argentino el gobierno de este país, a justificar el chavismo desde la perspectiva indigenista de una democracia (aunque el sistema chavista no sea, creemos, el mejor ejemplo de lo mismo) americana basada en la igualdad (mitología inversa de la de Tzvetan Todorov en *La Conquête de l'Amérique*, 1982, igualmente partidaria - donde Todorov, olvidándose de los procesos de nahualización del continente y del hecho de que probablemente sociedades asiáticas y nórdicas visitaron y/o se asentaron en América durante la edad media, supone que el proceso de la Conquista se hizo en desfavor de los americanos porque sus sociedades, autárticas, no tenían la capacidad para *re*-conocer la alteridad, versus los europeos que, con motivo de las Cruzadas, ya se habían abiertos al mundo -, de los indígenas pacíficos y cultos versus los occidentales, cuya modernidad empieza con el sometimiento de otros pueblos, lo que, según él antes nunca pudieron hacer, porque estaban frente a los países musulmanes mucho más fuertes y desarrollados, lo que es históricamente falso, los europeos sometieron y han sido sometidos, la cronología de las conquistas en y de Europa empezando por lo menos desde el neolítico).

Lo que más sorprende, por consiguiente, es la asunción, afirmación y auto-reconocimiento de estos filósofos como latinoamericanos: lógica sería la identificación con hispanoamérica, por la procedencia principalmente de la América hispánica de ellos, todavía se entendería el término de iberoamérica, por la integración a este conjunto del mundo brazileño, pero resulta extraña la identificación con un concepto creado por los intelectuales franceses para justificar el fallado intento de Napoleón III de invadir México.

Se explica esta curiosa denominación y auto-proclamación de raza, que en realidad, como acabamos de recordar, dista mucho de pasar por la clara conciencia histórica, por un proceso de ideologización decimonónico de los pensadores hispanoamericanos ante sus raíces: la apología del catolicismo (vs. el protestantismo norteamericano), del mestizaje (como elemento de raza continental, vs. tanto el desprecio que pudo sufrir durante la Colonia

como por oposición a la casi
ausencia de mestizaje en América
del Norte) y de la hispanidad (el
mundo latino vs. el anglosajón, v.
en Darío la acumulación de figuras
de la latinidad, de Leonardo
DaVinci al Quijote y Cyrano de
Bergerac, en *Cantos de Vida y
Esperanza*, 1905).

Esta definición de la raza,
implícita, en vez de abrir el
discurso, en realidad lo cierra, ya
que se enfoca, no sólo a una
realidad pre-ideologizada (de
donde provenimos según los tres
valores morales antes
mencionados: catolicismo,
hispanidad, mestizaje), sino
además a una conciencia racial
que, como lo han criticado varios
autores nicaragüenses
contemporáneos (Erick Aguirre,
Leonel Delgado, Carlos Midence,

Sergio Ramírez), desde la vanguardia (en Nicaragua) toma auge identificando a toda la sociedad con estas tres leyes de existencia, dejando aparte realidades más complejas o distintas (los negros protestantes de la Costa Caribe, los indígenas, v. por ej., sobre el caso nicaragüense, los artículos del suplemento "*Domingo*" de *La Prensa* del 15/8/2010: la entrevista de Arlen Cerda con Dolene Miller, Asesora del Gobierno Comunal Creole en Bluefields, pp. 6-9, y Nancy de Lemos, "*Mujer e indígena: el rostro de la desigualdad*", pp. 10-11).

La imposición racial es notable desde el momento en que, en Nicaragua Pablo Antonio Cuadra en los años 1930 andaba en las calles de Granada vestido de camisa negra, como los fascistas, manera para él de afirmar el nacionalismo, que creía ver respaldado por Somoza, y en México Vasconcelos publica en 1925 *La Raza Cósmica - Misión de la raza iberoamericana*, respaldando así doblemente las tesis racistas europeas (nazies y fascistas) de la época: primero al asumir que, realmente, hay razas puras (las cuatro primarias: europea, asiática, americana, africana), que no sufrieron modificación ni mestizaje (cuando sabemos que es falso: Europa por ejemplo es la mezcla de las invasiones: greco-romanas, vikingos, asiáticas de los llamados bárbaros, musulmanas); segundo porque el buscar en la raza propia las razones de un advenimiento colectivo por biología (condensamos en nosotros, genéticamente, cualidades mejores) o valores civilizatorios (nuestra cultura es más compleja, integradora) es, de hecho, un discurso racista. Así, la "*quinta raza cósmica*" de Vasconcelos, por donde sea que la miremos, no es más que la contraparte mejicana de la "*raza pura*" de los nazis.

Así, cuando Leopoldo Zea (*La filosofia actual en América*, México, Grijalbo, 1976, p. 209) ve en el martiniqués (por ende americano) Franz Fanon el origen de la Filosofía de la Liberación, porque: "*Fanon, desde el ángulo de la dependencia africana se plantea el problema de la dependencia y de su necesaria correlación, el de la liberación de los pueblos bajo colonización. Planteamiento que transforma la vieja preocupación latinoamericana en una preocupación universal, por lo que se refiere a hombres y pueblos que han entrado en la historia bajo el signo de la dominación colonial*", no lo considera, como vemos, plenamente como filósofo americano, sino como negro ("*desde el ángulo de la dependencia africana*").

De hecho, es notablemente ausente de la filosofía latinoamericana la cuestión de la negritud. Y ahí donde el indigenismo y la latinoamericanitud rebosan en todo el discurso de la filosofía latinoamericana, ésta se cierra a las realidades también propiamente latinoamericanas, que ella, sin querer, llama por auto-proclamarse desde un concepto francófilo: pensamos a las realidades, no sólo del idioma y la civilización postcolonial portuguesa (Brazil), sino también francesa

(Antillas francesas: Martinica y Gaudalupe, Québec, cuyos discursos, en un caso, de la negritud, en el otro, idiomático, en contra del dominio anglofono, tienen en todo caso afinidad con el discurso "*latinoamericanista*").

De ahí que no es de extrañar que, tan evocado en los textos de filosofía latinoamericana, el indio sigue ausente del mundo de decisiones y realidad socio-económica del continente (lo que se ve claramente en Costa Rica, Nicaragua, Honduras). Igual se puede decir de las poblaciones negras.

En México, el positivista del s. XIX Justo Sierra ponía en el centro al mestizo, entre el blanco, fundador de una "*pseudo-aristocracia*" de relevante papel histórico, y el indio, "*buen sufridor,...* (que) *se acerca al animal doméstico; nunca iniciador... El pueblo terrígena es un pueblo sentado; hay que ponerlo de pie"* (Gyula Horváth y Sára H. Szabó, *"El positivismo en Brasil y México. Un estudio comparativo",* Tzitun. *Revista de Estudios Históricos,* Universidad Michoacana de San Nicolás de Hidalgo, Morelia, México, julio-diciembre del 2005, No 042, p. 29).

C) Ontología y epistemología

Sin embargo, al plantearse el problema ontológico en primera instancia como fundador del discurso filosófico, la filosofía latinoamericana, cayendo por una parte, como dijimos, en un peligro del discurso nacionalista (el *"espíritu de los pueblos"*) y racista (nuestra raza vs. las demás), por otra parte logró abrirse al campo epistemológico.

Al preguntarse por la validez del ser latinoamericano (posibilidad de humanidad, posibilidad de pensamiento) desde las negaciones clásicas (debate de Las Casas, Hegel) la realidad del ser latinoamericano no aparecía como un hecho *per se*, sino como un problema que resolver, lo cual impuso a la filosofía continental preocuparse no sólo por plantear sus propias leyes, sino justificarlas ante el mundo que, aparentemente, se las había negado.

Creando así en el discurso latinoamericanista: 1. La necesidad de racionalización desde la contabilización de las imposibilidades; 2. La búsqueda de material objetivo (en particular cultural).

Estos dos procesos son propios, el primero de la epistemología (Karl Popper), la segunda de la cientifización de las ciencias humanas contemporáneas (iconología, folklorismo, estructuralismo), los cuales, en buena medida, desconoció la filosofía occidental (entendida ésta conforme la define la auto-proclamada filosofía latinoamericana).

D) De la negación y de la respuesta

Ahora, habiendo dicho que el plantearse desde la negación le permitió alcanzar una seriedad epistemológica, cabe preguntarse quien le negó a la filosofía latinoamericana el derecho a ser.

Parece que lo dice claramente Zea en el capítulo 2 "*La filosofía como originalidad*" de *La Filosofía americana como filosofía sin más* (FAFM, 1969). Hegel (FAFM, 13a ed., México, Siglo XXI, pp. 26-27).

Conste que, cuando Hegel escribió su *Filosofía de la Historia*, no existía filosofía latinoamericana. Por ende, es curioso que Zea se pelee desde una incoherencia histórica.

Si bien tiene figuras en el s. XIX (Andrés Bello, 1781-1865, Juan Bautista Alberdi, 1810-1884, v. también, por ej., Sylvio Romero, *O evolucionismo e O positivismo no Brasil*, Río de Janeiro, Alves & Comp., 1895) - de toda forma posteriores a Hegel (1770-1831) -, la filosofía latinoamericana tiene su verdadero auge en la primera mitad del s. XX, los patriarcas, reconocidos como tales por los propios filósofos latinoamericanos, siendo, además del mismo Zea

(1912-2004), los argentinos Alejandro Korn (1860-1936), Francisco Romero (1891-1962) y Arturo Andrés Roig (1922-), los mejicanos José Vasconcelos (1882-1959) y Antonio Caso (1883-1946), los peruanos José Carlos Mariátegui (1894-1930), Augusto Salazar Bondy (1925-1974) y Francisco Miró Quesada (1918-), el uruguayo Arturo Ardao (1912-2003).

Escribe Zea (*El pensamiento latinoamericano*, Barcelona, Ariel, 1976, "*III - Hispanoamérica y su conciencia histórica*"): "*Hegel, en sus Lecciones sobre la filosofía de la historia universal, al referirse al continente americano, decía: "América es el país del porvenir. En tiempos futuros se mostrará su importancia histórica, acaso en la lucha entre América del Norte y*

América del Sur. Es un país de nostalgia para todos los que están hastiados del museo histórico de la vieja Europa". Pero, agregaba, "América debe apartarse del suelo en que, hasta hoy, se ha desarrollado la historia universal. Lo que hasta ahora acontece aquí no es más que el eco del viejo mundo y el reflejo de ajena vida". Mas esto es algo que corresponde al porvenir. Y "como país del porvenir, América no nos interesa, pues el filósofo no hace profecías" (Hegel, 1953: 182-183). En esta forma el filósofo alemán hacía a un lado a nuestro continente, dejándolo en el olvido de la historia."

Ya cita el texto de Hegel como epígrafe del segundo capítulo de FAFM (p. 26): "*América es el país del porvenir. En tiempos futuros se mostrará su importancia histórica, acaso en la lucha entre América del Norte y América del Sur. Es un país de nostalgiía para los que estaban hastíados del museo histórico de la vieja Europa. América debe apartarse del suelo en que, hasta hyo, se ha desarrollado la historia universal. Lo que hasta ahora acontece allí no es más que el eco del viejo mundo y el reflejo de ajena vida."*

Deberíamos preguntarnos qué dice el mismo Hegel de África o Asia. Además ¿será Hegel, aún con todo el peso de su importancia en la filosofía contemporánea, el paradigma para definir el pensamiento sobre América y su pertinencia? O igualmente, ¿tendremos que asumir como verdad universal y problema sociológico cualquier desacierto de cada filósofo individual? Y, por si eso fuera poco, ¿será injustificada la presentación que Hegel, *a inicios del siglo XIX*, hace de América? ¿No ver originalidad en las propuestas coloniales de América de aquel entonces representa, realmente, una negación *ontológica* del ser americano en sí, cuando el mismo Hegel le regala el futuro entero del mundo, viejo y nuevo confundidos? ¿Cumplió América con esta propuesta? ¿Fue autorizada la proyección de Hegel en adivinar futuros conflictos entre dos mundos totalmente separados, por el idioma, la religión, y por ende la cultura, que son América del Norte y del Sur? ¿Será que es malo Hegel porque acertó y, además, porque era europeo (es decir, en un discurso políticamente correcto, no latinoamericano), esto es?

La respuesta a nuestra anterior inquietud sobre quien (o quiénes) había(n) criticado al pensamiento americano desde Europa se encuentra entonces, repetidamente, en los textos de Zea: el único Hegel, en otro tiempo, con otras medidas de valores, lo que, según nosotros, es muy poco para confirmar una confrontación ideológica fuerte e irremediable, como sin embargo lo hace Zea, y con él el conjunto de la filosofía latinoamericana, entre filósofos europeos y latinoamericanos.

Recordémonos que Sartre fue uno de los grandes filósofos europeos (occidentales, en términos de la filosofía latinoamericana) en haber afirmado la validez de estos nuevos discursos emergentes, de los no-

71

occidentales (dentro de los debates
sobre negritud, haciendo Sartre
énfasis en la obra de Fanon, como
sobre descolonialización, tomando
partido el mismo francés para los
argelinos).

E) De la ontología y del problema filosófico en sí

El problema que resalta Zea
en el capítulo 2 de FAFM es el de
la imitación, y, por ende, de la
originalidad de la filosofía
americana respecto de la europea.

Primero, queremos volver a
insistir en el hecho de que ningún
filósofo "occidental" según
sabemos se opuso o menospreció
a la filosofía latinoamericana.
Escribe Zea (FAFM, p. 34):
"*Latinoamérica es ya conciente de
su inautencidad inicial, del hecho*

de que utiliza filosofías extrañas para crear la ideología propia de su orden, de su política. Y, al ser consciente, sabe que ha hecho de esas filosofías lo que en realidad son, instrumentos. Parecieran ecos de ajenas vidas, reflejos de algo que le es extraño; pero en realidad no lo son. Lo que surge, debajo de las formas importadas, es algo que nada tiene que ver ya con la realidad que las ha originado. Por ello el europeo, u occidental, verá en las expresiones de su filosofía en Latinoamérica algo que le resultará ajeno, desconocido, y que, en su orgullosa pretensión de arquetipo universal, acabará por calificar como "malas copias", como "infames y absurdas imitaciones"./ Un investigador francés que realizaba un estudio del positivismo en Brasil se encontraba con que nada tenía que ver dicha filosofía con lo que en ese país se llamaba positivismo. Como nada tiene que ver - desde este punto de vista - el liberalismo latinoamericano con el liberalismo inglés o francés en que supone haberse inspirado."

Dándole en parte la razón a Zea respecto del liberalismo latinoamericano, vemos que sigue respondiendo a Hegel ("*Parecieran ecos de ajenas vidas*"), quien, en honor a la verdad, no le estaba hablando.

Es decir, Zea, asumiendo que "*el europeo, u occidental, verá en las expresiones de su filosofía en Latinoamérica algo que le resultará ajeno, desconocido, y que, en su orgullosa pretensión de arquetipo universal, acabará por calificar como "malas copias", como "infames y absurdas imitaciones".*", primero crea un arquetipo tan detestable como le puede ser el arquetipo americano creado por Hegel, y segundo le da vida y palabra, sin que éste haya abierto siquiera la boca. ¿Será alguna cita específica, lo que no creemos (porque no está referenciada) o palabras del mismo Zea, estos grupos nominales entre comillas ("*"malas copias",... "infames y absurdas imitaciones"*")?

¿Por qué el "*europeo, u occidental*" tendría que, obligatoriamente, tener una "*orgullosa pretensión de arquetipo universal*", cuando el mismo Sartre, directamente en relación con el proceso de descolonización, le dio la razón, sin parpadear, al negro y al colonizado, hasta el poder de matar al colonizador? ¿Por qué Hegel tendría que ser más voz del europeo que Sartre?

Obviamente, porque sirve la demostración de Zea sobre el *ontológicamente soberbio europeo/occidental*.

Por otra parte, ¿quien dijo que la filosofía era más que un instrumento, al igual que la historia, la sociología, la etnografía o la psicología, para entender los fenómenos?

Obviamente, estas ciencias no son fines en sí, sino que métodos de aproximación a la realidad circuntante. ¿No es lo que, desde la antigua Grecia, nos quieren demostrar Platón y su maestro Sócrates con el método mayeútico? Asimismo Hegel en sus distintos libros, donde la filosofía sirve para entender la historia, el arte, el pensamiento, etc. Sartre en su obra literaria, donde se plantean, mediante narraciones, problemas éticos, sociales y políticos.

¿No es de los mismos Marx y Engels que la filosofía latinoamericana partió para aplicar a casos concretos (de sociedad y economía política) resoluciones, desgraciadamente a menudo marcadas del sello staliniano?

F) De la copia y la originalidad como problema ontológico
Ya en nuestro libro *Arturo Andrés Roig y el problema epistemológico y otros ensayos sobre filosofía latinoamericana* (2004) hemos planteado que no hay filosofía pura, por ende la filosofía griega, inspirada de China e India, no es ni propiamente griega, ni mucho menos europea cuando nace antes de que exista Europa, no se produce en ningún

país de Europa occidental, y se pierde durante varios siglos hasta ser recuperada e interpretada desde su comprensión por los filósofos árabes, de ahí que Averroés puede aparecer en las gradas de la *Escuela de Atenas* de Rafael en el Vaticano.

La astronomía, la matemática, la filosofía, la medicina modernas fueron dadas a Europa por el mundo árabe, ¿eso hace menos italiano a Galileo o menos francés a Pasteur? ¿Es ahí donde realmente reside todo el problema, de donde viene la ciencia en primera instancia?

De ser así, si seguimos el razonamiento de Zea, entonces cualquier matemática es griega, por Euclides, cualquier medicina también, por Hipócrates.

La respuesta, la tiene Zea en su propio discurso, cuando habla del liberalismo. Hasta podemos agregar que el liberalismo del siglo XX nada tiene que ver con los anti-monarquistas, y el movimiento entonces más social y progresista, que era ante los ultras (la equivalencia sería la relación entre conservadores y liberales), cuando hoy en día al contrario el liberalismo se opone a las tendencias socialistas.

Nada siendo estático, tampoco lo es el pensamiento, y sus desarrollos según cada época y lugar geográfico.

G) De la copia y la originalidad como problema epistemológico

El problema entonces no es en de donde proviene el pensamiento, sino en qué se hace con él. Lo dice bien Zea en el segundo capítulo de FAFM.

Así el problema de la originalidad no es un problema hacia atrás, hacia los orígenes, ontológico, sino hacia delante, hacia las producciones, epistemológico.

Por el mismo hecho, mencionado por Zea, de que la filosofía es un medio para alcanzar metas, un método para ciertos objetos, por ende no un fin en sí.

Sin embargo aplicar la filosofía a la realidad peruana (como lo hizo Mariátegui) no la nacionaliza, porque si así fuera, eso implicaría una desgraciada imposibilidad del método a volverse de nuevo universal.

El método tiene que ser universal para ser válido, sino no

es método, es subversión, es ideología. Así nos lo enseñan las ciencias del s. XX.

No es porque la medicina se ocupará del cuerpo de un latinoamericano que sus herramientas y procedimientos tendrán que variar. El cuerpo humano sigue siendo el cuerpo humano.

Asumir, como lo hace Zea, una dualidad entre el método y su aplicación es doblemente peligroso: primero porque confirma que la realidad latinoamericana seguiría fuera de la historia (sólo es válida dentro de sí mismo y precisa, por eso, de métodos aplicados específicos); segundo niega el valor metodológico, epistemológico, de la filosofía (medio para un fin) para darle un valor ontológico (justificación de la no-imitación).

Si el filósofo latinoamericano (occidental, africano o asiático) hiciera su propio *chacuatole* de las filosofías anteriores, no sería un problema de circunstancias, de aplicación peculiar de un método general, sino de mal entendimiento, de equivocación.

Si el positivismo brasileño no correspondía al francés, no quiere decir que fuera mal, ¿no es eso mismo que propone Zea, la adaptación del método a la realidad particular? ¿Por qué será mal que la note un francés, cuando es imprescindible, aparentemente, que la exponga Zea?

¿El propio Alejandro Korn no define el positivismo brasileño como "*positivismo autóctono*"?

Horváth y Szabó (op. cit., p. 10) corresponden en esta visión de las peculiaridades del positivismo latinoamericano, cuyos *"pensadores... interpretaron de forma bastante libre algunas de* (las) *tesis"* del comtismo.

Es obvio que las circunstancias históricas cambian las formas y hacen evolucionar las ideologías (lo vemos en las actuales izquierdas latinoamericanas), pero también permanece en ellas los rasgos determinantes de sus creadores (la perpetuación del jefe en el poder, de origen leninista y staliniano, al igual que, por lo mismo, la divinización de la figura del líder; la importancia de la propaganda, la vigilancia de la sociedad por miembros elegidos dentro del partido, elemento claramente staliniano; las categorías empleadas, que surgen del marxismo sin mayor modificación).

H) El peligro de estancamiento

Al abrirse al problema de la filosofía desde la posibilidad del filosofar, la filosofía latinoamericana aplica y abre sobre cuestiones ontológicas y epistemológicas, y, al hacerlo desde las produciones culturales, como Roig y su "*culturología*" (aún cuando ésta es otro nombre para los estudios comparatistas de Frazer, Müller, Panofsky, etc.), ahunda, aunque indirectamente, en el campo estético.

Sin embargo, al plantearse como *único problema central* el de la figura del latinoamericano vs. el occidental, y del dominado ante el dominador, se estanca en la cuestión ontológica, y social si se quiere (en cuanto abarca de la raza), dejando baldío los otros campos de la filosofía.

Así, mientras todos los filósofos latinoamericanos han pensado sobre el ser latinoamericano, y, por ello, han hecho historia de la filosofía latinoamericana, poco hicieron historia de la filosofía en general (europea, asiática, africana), tampoco se interesaron a la estética (lo bello, lo feo, el arte), la epistemología (historia de las ciencias) a pesar del fundamental origen positivista de la filosofía latinoamericana, la ética o la filosofía social.

Zea parece darse cuenta de este riesgo de estancamiento, cuando escribe (FAFM, p. 31):
"Y en esta insistencia se nos ofrece una filosofía, tal y como la proponía Alberdi, si no ya de nuestra

industria y riqueza, sí de nuestra política. Una filosofía en la que no han cabido disquisiciones sobre Dios, el Alma, la Vida, la Muerte, el Mundo o el Ser, sino una filosofía del orden social y político que nos correspondió una vez que formamos parte de Europa, del orbe llamado occidental. Primero bajo España, después bajo las poderosas naciones de Europa occidental y, posteriormente, bajo la nación que fuera su heredera, Estados Unidos."

Notando de paso el hegelianismo evidente de esta última afirmación, nos damos cuenta que el propio Zea reconoce las carencias discursivas del discurso latinoamericanista, no tanto en cuanto a lógica interna, sino a amplitud de problemáticas filosóficas. Es su disertación, por cierto, una justificación de esta debilidad, pero una justificación que no convence, en cuanto es una justificación del colonizado que le hecha la culpa al colonizador cuando pasaron ya dos siglos de independencia. Es como si los E.U. culparán de su situación actual a Inglaterra, o mejor dicho le rendirían tributo, cuando son las mismas cualidades y debilidades del mundo norteamericano que lo hicieron lo que es: un mundo ultraliberal, sin seguridad social, con una alta tasa de pobreza, con guerras sin otra razón que sumar más poder económico y geo-político, guerras que a veces le han costado en la memoria colectiva, como Vietnam, pero en fin país el más poderoso del planeta. Es como si los franceses culparamos a la monarquía de lo que nos ocurre hoy en día, si, a pesar de los vaivenes del s. XIX, la realeza no tiene ninguna influencia en los asuntos políticos ni económicos de la nación desde tiempo atrás.

I) De la monocultura como cultura excluyente

Retomando una idea de Fanon acerca de la relación colonizador-colonizado (Fanon consideraba que, ante el discurso del dominador, el dominado había tenido sólo dos alternativas: la aceptación, o el rechazo, pero este último no era según él sino otra forma de asumir el discurso del dominador, ya que el dominado al negar la civilización impuesta se volvía hacia una tradición parada en el tiempo, autoproclamando su propia cultura como atrasada en un tiempo histórico mítico, por oposición a la cultura del amo, en perpetuo proceso de evolución), y adaptándola a nuestra temática, diríamos que el discurso latinoamericanista hasta la fecha se ha desarrollado como un discurso excluyente, oponiéndose así al discurso integrador al que proclama oponerse. No sólo porque se ha fortalecido como discurso de una sola raza (la mestiza), vs. las demás realidades de sus propios países, sino porque se ha querido reconocer en una minoría fantasiosa: el indio (FAFM, p. 31: "*Nuestra existencia en este mundo, ya lo vimos, se inicia con una pregunta respecto a la humanidad de los indígenas y respecto del orden de los descubridores, conquistadores y colonizadores iberos habrán de imponer a los habitantes de estas tierras*"; y p. 39: "*Esto es, aceptar conscientemente lo que, de manera a veces inconsciente, se ha hecho desde los mismos inicios de nuestra incorporación como americanos a la historia del mundo occidental; desde el mismo moneto en que, como indígenas, se inicia nuestra incorporación, y como occidentales* (es decir, para Zea, como indígenas occidentalizados por imposición cultural, sigue: "*La occidentalización del mundo entero es un hecho*". v. también p. 31: "*Primero bajo España, después bajo las poderosas naciones de Europa occidental y, posteriormente, bajo la nación que fuera su heredera, Estados Unidos*"), *la continuación de esa historia en nuestra historia*"), y considerarse como estancado en este tiempo mítico: precolombino, encubierto por la Conquista, lo que (v. Carlos Fuentes, *El espejo enterrado*, 1992) definiría el sino de la raza latinoamericana, desde los tiempos de la Colonia hasta los del imperialismo contemporáneo. Si nos detenemos a revisarla, esta postura es bastante hegeliana. Así, mientras, por ejemplo, los E.U. y la misma Europa (desde el s. XIX, culminando con la Exposición Universal y los cubistas, y con un discurso ciertamente etnocéntrico, pero en fin de interés etnográfico hacia el Otro), se han venido definiendo como integradores de realidades alternas (vemos el rostro voluntariamente multicultural de los E.U. plasmado en las producciones hollywoodianas), la América Latina se esmeró, una vez asumido el proceso de mestizaje como valor fundamental de su recorrido histórico, en verse como un espacio de oposición (al invasor hispánico, europeo, norteamericano).

La mejor prueba de ello es la insistencia de valorización del

91

folklor y la tradición, que, ciertamente, se da en el Primer Mundo, pero como rasgo regionalista, no como discurso global. Es decir, si hay rodeos y concursos de tortas de calabazas o de baile tejano, es porque, paralelamente existe un fuerte impulso globalizador en las ciudades, con tendencias multiétnicas, donde la integración y la modernidad arrasadora imponen, hasta cierto punto, una respuesta tradicionalista, de valoración de una herencia en posible vía de desaparición por el proceso de evolución de las costumbres sociales.

Ahora bien (aún cuando el discurso regionalista, latinoamericano como europeo, se justifica siempre en la evolución cronológica reciente por la oposición, meramente contemporánea, entre grande urbe cosmopolita y multiétnica por una parte y pequeño pueblo relegado, v. la dialéctica entre vanguardistas y darianistas en Nicaragua), podemos preguntarnos cuál es el peligro de la cocina tradicional nicaragüense (v. nuestro texto sobre "*Mestizaje*"), si básicamente es la que se come a diario, dado de que no hay en el país alternativas culinarias, y cuando las hay son a precio alto, lo que no les vuelve peligro para el arte culinario nacional. Si la comida nacional puede peligrar es porque, sin razón entendible, hoy en día una enchilada o un fresco se han vuelto respectivamente más caros que un hot-dog y una gaseosa. Pero esto es culpa de los mismos vendedores. No precisamente de una fuerza externa invasora potente (hemos tenido la oportunidad en otra ocasión de recordar que las multinacionales instaladas en Nicaragua tienen escasa y a veces inexistente expansión: significativos son los casos de cualquier trust: MacDonald, Domino's Pizza, PizzaHut, Friday's o Papa John's, estas dos últimas teniendo nada más un solo establecimiento en todo el país).

En Europa como en los E.U., desde dentro, y por razones de evolución social (en particular con el trabajo de las mujeres, los dos miembros de la pareja trabajando, ninguno se quiere dedicar a cocinar al volver a casa), la comida tradicional, que implica dedicar tiempo a la preparación y cocción de los platos, ha sido remplazado por comidas enlatadas, congeladas, sólo de calentar o pasar en la micro-onda, o bien por comidas en *"delivery"*. Las personas trabajando de las 8 de la mañana a las 5 de la tarde, le es necesario acudir comiderías rápidas (ventas de hot-dogs, hamburguesas, etc.), pero al fin, sean las ventas de hamburguesas en los E.U., de fish & ships en Inglaterra, o de sandwiches o platos típicos en los cafés franceses, estamos ante comidas propias del lugar. No nos explicamos ni cómo ni porque en Nicaragua, donde la costumbre es que la mujer siga en casa, donde no hay puestos de venta de imperios alimenticios extranjeros regados por toda parte (en los veinte últimos años, tanto la PizzaHut, Domino'sPizza como MacDonald, han invadido Europa), está peligrando la comida típica, si no es por culpa de los mismos vendedores nacionales. Pero aún así, si la enchilada o la pupusa fueron sustituídas por el hot-dog o la hamburguesa, y el fresco por la gaseosa, en cada esquina se vende "*comida corriente*", es decir, típica (gallopinto con algún tipo de carne, ensalada y bastimento).

Volviendo al meollo del asunto, la insistencia nicaragüense por defender a toda costa la comida nacional o el folklor no revela una necesidad sociológico ante un fenómeno de evolución social, a diferencia de lo que ocurre en el Primer Mundo, sino al contrario la ausencia total de otros elementos que promover (arte contemporáneo, nueva cocina, industria en general). De la misma manera que no se ha sustituido nunca la comida enlatada o congelada (demasiado caras) a la comida corriente, tampoco el arte de museos (reproducciones de obras famosas, postales, etc.), porque no hay museos ni por ende cultura de ellos (a diferencia de lo que ocurre en el primer mundo, dando lugar a las críticas de Roland Barthes y Hubert Damisch), nunca reemplazó a la artesanía, y les está haciendo más daño a la venta de muebles de madera el precio de ésta (por políticas contra la desforestación) que la venta real de muebles prefabricados (por ej. no hay ningún Ikea en Nicaragua). En todas partes se oye marimba, pero no se toca la música de los cantantes nacionales, tampoco, por la pobreza ambiente, sacan discos que puedan ser vendidos favoreciendo su próxima producción (todo CD es pirateado).

En otros términos, podemos leer la intención reducida - o la reducción epistemológica - del discurso patriótico/nacionalista en la región de Nicaragua como la huella de lo que Tzvetan Todorov en su libro citado sobre *La conquista de América: el problema del otro* consideraba como un país cerrado, ensimismado, incapaz de abrirse a diferencias culturales, étnicas, de configuración política o mental.

De ahí que, siguiendo a Zea, si la filosofía debe adaptarse a sus circunstancias (FAFM, p. 27), parece que el discurso de defensa de lo propio y lo tradicional promovido tanto por la filosofía como por el pensamiento latinoamericanista, reduce la realidad continental a un tipo de monocultura, contradictoria, porque nacionalista, con la misma crítica que le hace la filosofía latinoamericana al discurso de dominación e imposición.

Dicho en otras palabras, ¿será razonable entender que un discurso de "*liberación*" que se queja de la falta de apertura del discurso dominante del colonizador (unilateral, unívoco, desconocedor de la alteridad y las realidades que salen de su propio arquetipo), se encierre, al mismo tiempo, a sí mismo en la exclusiva promoción de lo típico, lo tradicional, lo coloquial? ¿No será doblemente contraproducente?: 1/ respecto de la propia cultura nacional, reduciéndola a un objeto estancado en el tiempo, sin capacidad para superarse y lidiar adecuadamente con las nuevas producciones y los cambios históricos en las formas de representación y las mentalidades; 2/ negándose a sí mismo un papel a nivel macro-estructural, y complaciéndose en un lugar de recuerdo, de bellesa primitiva, de felicidad edénica, de paraíso tropical para vacaciones, mas no como espacio con peso científico, cultural, socio-político y económico.

Arquetípico de lo anterior es casi total ausencia de producciones cinematográficas en los países de América Central.

El nivel paupérrimo de conservación del patrimonio cultural nacional (que, por consiguiente, se va perdiendo) como de difusión del patrimonio cultural universal (no hay librería) son los mayores promotores en Nicaragua de la sempiterna repetición, años tras años, de las Fiestas patronales (una por ciudad), de los mismos bailes tradicionales, presentados, también años tras años, por los mismos conjuntos en el Teatro Nacional, sin innovación ni sorpresa. Y, según pregonan todos los medios y la publicidad, esto es lo que fortalece el orgullo nacional. Entonces, nos encontramos doblemente 1/ ante un discurso jenofóbico (el orgullo nacional); 2/ monoculturalista, por ende de imposición ideológica sobre cualquier realidad alternativa. No hay ahí espacio para la disparidad. Lo vemos claramente en la forma en que fue recibido a finales del año 2009 el euro-diputado Hans Van Baalen, presidente de la Internacional Liberal, en Nicaragua, agredido por los periodistas, e insultado por el Vice-Canciller de la República Manuel Coronel Kautz (hijo de José Coronel Urtecho y María Kautz), quien trató a Holando de "*paisucho*", (además de utilizar "*una frase de connotación sexual para referirse a los donantes que, descontentos con un Gobierno que se autoproclama progresista, exigìan más resultados de la Administración que encabeza Daniel Ortega. El vicecanciller dijo que los donantes "son como la gata angora". Posiblemente la molestia de Coronel Kautz se genere porque las críticas llegaban de la misma izquierda europea que en la década de los ochenta apoyó con gran admiración el proceso revolucionario",* La Prensa, supplemento "*Domingo*", 6/12/2009, p. 14), y, como Zea en el capítulo 2 de su libro, a la representación europea como "*potencias intervencionistas extranjeras olvidándose que las nuevas formas de injerencia y opresión están siendo rechazadas por los pueblos, particularmente en Africa, América Latina y el Caribe*"

(http://www.stereo-
romance.com/index.php?option=co
m_content&view=article&id=52:nica
ragua-se-disculpa-con-holanda-por-
llamarle-qpaisuchoq-
&catid=3:politica).

La contraparte lógica de la
postura latinoamericanista y nos
atreveríamos a decir africanista, es
que permite al Primer Mundo seguir
considerando estas regiones del
planeta como primitivas, en
particular en las exposiciones que
les dedica, jamás a sus formas de
arte contemporáneas, sino
exclusivamente al oro
precolombino y las máscaras
africanas (v. nuestro libro:
*Métalangage et discours de
domination dans la culture et la
politique postmodernes*, 2006).

Un discurso que declara oponerse al discurso monolítico, arquetípico, del dominador (FAFM, loc. cit., p. 34) no puede, y más que todo no debería, implementarse desde la raza ni desde la afirmación monocultural, que, en sí, es excluyente, ya que, obviamente, promueve una sola forma de representación social del grupo.

Es, en un sentido paralela, la misma incoherencia que en el discurso del autoproclamado Socialismo del Siglo XXI, cuando gobernantes, como el nicaragüense Daniel Ortega, que critican el intervencionismo norteamericano, sin embargo: 1/ le piden a grito intervenir en Honduras (por el caso de la destitución de Manuel Zelaya); 2/ le responsabilizan como si fuera obligación y no bondad o generosidad a hacer donaciones, queriendo, lismoneros con garrotes, que den sin pedir ninguna condición (como el básico y necesario respeto a la Constitución) a cambio.

J) A manera de conclusión

Tal vez debería entonces revisarse el punto de partida de Zea y la filosofía latinoamericana en general.

Ya se dijo y está bien que así sea lo que la filosofía latinoamericana le debe y no le debe a la filosofía occidental. Así, en su auto-acto de nacimiento, la primera hizo constar claramente sus quejas y se auto-distinguió del Padre simbólico que se buscó (la segunda).

Sería, a nuestro parecer, ahora tiempo de abandonar (lo que no quiere decir olvidar) el tema, para, precisamente, hacer lo que postulaban Bello y Alberdi (FAFM, pp. 29-32) y pregona Zea: desde las categorías auto-asumidas (las de la filosofía, puesto que al plantearse el problema filosófico desde la misma filosofía, obligatoriamente se hizo el primer paso, de asunción y aceptación en el pensamiento latinoamericano de las normas y los retos de la filosofía griega heredada a Occidente - dicho de paso, de haberlo querido, bien el pensamiento latinoamericano se hubiera identificado con formas de conciencia asiáticas: zen, budismo, teología-filosófica o filosofía teológica, o precolombinas: no hacer filosofía -), plantearse nuevos objetos de estudio (el arte contemporáneo, el cinema, la evolución y metodología científica, los problemas morales de las formas de muerte individuales y sociales: suicidio-aborto-eutanasia-pena de muerte) y, de ahí, crear nuevas categorías del saber, puesto que éste no es dado desde siempre (por lo que la filosofía latinoamericana pudo criticar la europea, y tiene su opción de ampliar sus horizontes), no es estancado, ni limitado, y es en perpetuo proceso de evolución.

Bien lo dice Zea, repetidas veces: "... *Juan Bautista Alberdi, plantea el problema sobre una filosofía americana o latinoamericana.* " *No hay una filosofía universal - decía -, porque no hay una solución universal de las cuestiones que la constituyen en el fondo*" (FAFM, p. 29), y "*De ahí que al acucioso investigador de la filosofía, ya sea europeo o latinoamericano - aquel que no busque en las expresiones del pensamiento latinoamericano sino una relación de semejanza -. no encuentre en estas expresiones sino distorsiones, malas copias, incomprensión y, con ello, lo que considera un grave signo de inmadurez. Otro ha sido el punto de vista de quienes no buscan la semejanza sino la relación que esta filosofía, o filosofías importadas, guardan con la realidad latinoamericana. Este es, la forma como aquellas, consciente o inconscientemente, son adaptadas a éstas."* (FAFM, p. 35).

Esto es:

1/ La filosofía no es sino un medium, un método;

2/ Por lo que no importa de donde provienen las raíces teóricas del mismo, sino la forma en que las generaciones actuales (en sentido tanto cronológico como geográfico) se las apropian para mejorarlas y aplicarlas a problemas actuales.

3/ Es, entonces, incoherente la problemática elaborada por la filosofía latinoamericana (no en cuanto punto de partida del cuestionamiento filosófico, sino en cuanto permanente repetición para justificar el mismo) de la cuestión del origen, como si hubiera una filosofía pura (aceptación del discurso del amo) y, para utilizar la terminología de Zea en el capítulo 2 de FAFM, una "*prestada*". Ya demostramos en *Arturo Andrés Roig y el problema epistemológico* (1998, 2004) y "*Reflexiones sobre el origen de la filosofía latinoamericana (a partir de la lectura del libro: Introducción a la historia del pensamiento latinoamericano de Birgit Gernstemberg y Karlos Navarro)*" (*El Nuevo Diario*, 26/10/2002, p. C-

2) que no hay filosofía pura, y que la filosofía en sí, en sentido estrictamente histórico, no es de origen propiamente europeo.

4/ Es válida como punto de partida del problema filosófico continental la cuestión acerca del ser y el pensar no occidental vs. el occidental, es errónea en cuanto punto central del discurso, porque: a) acepta y asume el discurso del amo (no hay filosofía que no sea occidental, por ende˙ no puede haber otro desarrollo posible para la filosofía no occidental, sino pensar *exclusivamente* sobre sus posibilidades de existencia), se volvería así la filosofía latinoamericana nada más que un *nihil negativum*, un concepto en posibilidad de existencia; b) al reducirse sola la filosofía latinoamericana pierde˙ su amplitud y de filosofía en sí (capaz de abordar cualquier tema propio de la filosofía), como cualquier otra, se vuelve filosofía de la latinoamericanitud nada más (de ahí el riesgo de estancamiento); c) se vuelve redondante y, además de poco atractiva, peligrosamente continentalista y racista, la filosofía que sólo se opone sin elaborar alternativas ni abrir campos, y pierde asimismo su carácter proactivo, propositivo.

Es así urgente que la filosofía se abra a campos no sólo de historia de la filosofía (lo hicieron muy bien Antonio Caso, Arturo Andrés Roig, o el español mexicano José Gaos), sino de otros campos filosóficos, como por ejemplo el epistemológico (citamos *La Nada en Kant*, 1965, de Ernesto Mayz Vallenilla).

De hecho, la filosofía latinoamericana resolvería

rápidamente, desde el mismo Descartes, del que suele partir, su disyuntiva, con el fin de ampliar sus horizontes. Del momento que ella se pregunta por y sobre la filosofía, sencillamente ella es (o se vuelve, se hace, a como querrá decirse) filosofía.

Si fue silenciado por culpa ajena el pensamiento latinoamericano en los siglos anteriores, será por culpa exclusivamente propia si en los siguientes sigue sin voz.

III - DE FANON A GALEANO: LA CUESTIÓN DE LA TERRITORIALIDAD COMO ASIENTO DEL DISCURSO PROPIO

"Oui, il vaudrait la peine d'étudier, cliniquement, dans le détail, les démarches d'Hitler et de l'hitlérisme et de révéler au très distingué, très humaniste, très chrétien bourgeois du XXe siècle qu'il porte en lui un Hitler qui s'ignore, qu'Hitler l'habite, qu'Hitler est son démon, que s'il vitupère, c'est par manque de logique, et qu'au fond, ce qu'il ne pardonne pas à Hitler,

ce n'est pas le crime en soi, le crime contre l'homme, ce n'est pas l'humiliation de l'homme en soi, c'est le crime contre l'homme blanc, et d'avoir appliqué à l'Europe des procédés colonialistes dont ne relevaient jusqu'ici que les Arabes d'Algérie, les coolies de l'Inde et les nègres d'Afrique."
(Aimé Césaire, Discours sur le Colonialisme, 1950)[1]

---

[1]Aimé Césaire, *Discours sur le Colonialisme*, Paris, Présence africaine, 1989, pp. 13-14. "*Sí, valdría la pena estudiar clínicamente, en detalle, los pasos de Hitler y el hitlerismo y revelar al muy distinguido, muy humanista, muy cristiano burgués del siglo XX que lleva en su interior un Hitler que no se reconoce, que Hitler lo habita, que Hitler es su demonio, que si vitupera, es por falta de lógica, y que, en el fondo, lo que no le perdona a Hitler, no es un crimen en sí mismo, el crimen contra el hombre, no es la humillación del hombre como tal, es el crimen contra el hombre blanco, y de haber aplicado a Europa procedimientos colonialistas que no se aplicaban hasta ahora sino a los Árabes de Argelia, a los culíes de la*

I. INTRODUCCIÓN
1. Fanon y su posteridad

Como era de esperar, Fanon, que se volvió un autor fundamental para el Tercer Mundo[2], ha sido poco estudiado en el Primer Mundo[3] (tornándose para Francia - "*el país por el que la guerra de Argelia no tuvo lugar*", según su biógrafa Alice Cherki, "*un filósofo maldito*")[4], siendo un escritor negro (por ende, no Francés de cuna racial), antillés (es decir, no metropolitano), anti-colonialista (por ende, políticamente incorrecto, al menos dentro de la permanencia de la política nacional en sus

---

India y a los negros de África." (*Discurso sobre el colonialismo*, la taducción es nuestra)
[2]https://fr.wikipedia.org/wiki/Frantz_Fanon#Post.C3.A9rit.C3.A9_de_l.E2.80.99.C5.93uvre_litt.C3.A9raire
[3]https://fr.wikipedia.org/wiki/Frantz_Fanon#L.27amn.C3.A9sie_fran.C3.A7aise
[4]https://fr.wikipedia.org/wiki/Frantz_Fanon#cite_note-15

antiguas colonias, marco estudiado y criticado por Fanon).

II. EL SUSTRATO HISTÓRICO EN *LOS CONDENADOS DE LA TIERRA*
2. Una cuestión de terminología

El presente trabajo se propone darse a la tarea metodológica de ubicar uno de los padres del discurso latinoamericano en su época y estructura conceptual, comparándolo con otro, cuyo impacto se puede notar por el hecho de que, llegando al campo ideológico, su libro fue regalado por un jefe de Estado a otro, dentro de la oposición Norte-Sur, presente desde Martí e Darío, y referenciada en nuestra época en la cultura popular por el cantante guatemalteco Ricardo Arjona.

En primera instancia, es interesante constatar que el

concepto de "*liberación*", que aparece no menos de 97 veces [incluído el índice] en *Los condenados de la tierra* (entre las cuales 33 veces como concepto de "*liberación nacional*", de las cuales, a su vez, 6 veces con mayúscula en la palabra "*Liberación*"), halla sus raíces en la Segunda Guerra Mundial, y, concretamente, en el discurso francés, obviamente, y gaullista más específicamente.

Es interesante, decimos, por ende, constatar que se retoma, dentro de un discurso libertario, de descolonización, un concepto franco-francés, por así decir, según la terminología ochentera, surgido en la Francia metropolitana.

Pero apuntarlo sin más no tendría sentido. Aquello nos debe revelar algo. Precisamente, esto nos lleva a nuestro segundo punto:

el libro de Fanon no se plantea la cuestión antillesa, sino la argelina.

3. Contexto

Ahora bien, hablar de la cuestión argelina no puede darse sin remontarse a las circunstancias que la provocaron.

El desembarque norteamericano de noviembre de 1942, a partir del cual la "Francia libre" gaullista mobiliza a la población argelina (168.000 Franceses y 150.000 musulmanes) dentro de la guerra contra el Eje.

Sin embargo, en el momento de la derrota francesa de junio de 1940, Messali Hadj, jefe del Partido del Pueblo Argelino (PPA, clandestino), cuyo partido había sido prohibido tres días antes de la declaración de guerre, el 26 de julio de 1939, apenas se encuentra liberado cuando la población europea de Argelia se pone bajo el mandato del General Pétain, escribe en *El Ouma*:

"Africa del Norte no está atada a Francia por ningún sentimiento, si no es por el odio que cien años de colonización han creado en nuestros corazones. En nombre de la República francesa, 60 millones de seres humanos son sometidos a la más ignoble servidumbre. Nuestra patria es el Magreb y le somos obligados ("dévoués") hasta la muerte. Si querer vivir en hombres libres es ser anti-francés entonces lo somos y lo seremos siempre. El colonialismo francés dejará tal vez de existir en nuestro país, sin dejar más rastros que el recuerdo de una pesadilla."[5]

[5]https://fr.wikipedia.org/wiki/Messali_Hadj#Messali_Hadj.2C_le_r.C3.A9gime_de_Vichy.2C_l.27Allemagne_nazie_et_l.27antis.C3.A9mitisme, la traducción es nuestra.

De hecho, Messali reveló en una entrevista para *Combat* del 26 de julio 1946 que había sido abordado en 1940 por varios gobiernos, entre los cuáles el de Vichy[6].

Al contrario, Ferhat Abbas, quien se alistó voluntariamente bajo la bandera francesa en 1939, intenta incansablemente, el 10 de abril de 1941 con el General Pétain, y en 1942, después del desembarque, con el General Darlan, pedir un compromiso de Francia con el estatuto de los musulmanes argelinos. El 10 de febrero 1943, publica el *Manifiesto del pueblo argelino*. El 7 de marzo 1944, De Gaulle da la ciudadanía a miles de argelinos musulmanes, y crea asambleas locales con dos representantes indígenas de cada cinco.

---

[6]*Ibid.*

Abbas es fundador del partido Acción argelina, copia de Acción francesa, de la que retoma las tesis de Chalres Maurras acerca de la democracia local organizada, que se define por: la autonomía de las corporaciones indígenas locales y regionales, la autonomía en la regulación social y económica, el sufragio universal en las elecciones municipales, una amplia representación de las corporaciones, municipios, líderes comunitarios y líderes indígenas, que constituyen una reunión con el gobierno francés. Escribe así:

"*En 1920, los hombres de mi generación tenían veinte años, en lo personal me encontré pensando que Argelia se parecía a la Francia del antiguo régimen en vísperas de 1789. No hay nada en el Libro Sagrado que puede impedir a un musulmán de Argelia de ser nacionalmente francés [...] con el corazón leal consciente de su solidaridad nacional."*[7]

Favorable a la reforma del sistema colonial, después de la victoria a inicios de 1943[8], Abbas pedirá que los musulmanes que se van para liberar Francia sean asegurados de ne quedar "*privados de los derechos y de las libertades esentiales en que gozan los demás habitantes de este país.*" Los dirigentes nacionalistas argelinos esperaban que la primera reunión de la ONU, el 29 de abril de 1945, apoyará el reconocimiento de los derechos de los argelinos.[9]

---

[7]https://fr.wikipedia.org/wiki/Ferhat_Abbas
[8]http://www.lecridupeuple.org/page/144/?option=com_content&view=article&id=74&Itemid=36
[9]http://www.vp-partisan.org/article290.html

En este contexto, la manifestación del 8 de mayo de 1945, a Sétif, paralela a la oficial para celebrar el fin de la guerra, manifestación autorizada mientras no aparece la bandera argelina, se desarrolla en medio de una situación alimentaria lamentable, debida a la mobilización de los hombres válidos.

La manifestación se inicia a las 8 de la mañana, con más de 10 mil personas cantando el himno nacionalista Min Djibalina (Nuestras montañas). Hay banderas de los países aliados vencedores y pancartas que rezan: "*Liberen a Messali*", "*Queremos ser sus iguales*" o "*Abajo con el colonialismo.*" Poco después aparecen otras consignas como: "*Viva Argelia libre e independiente*". encabezando la manifestación un jefe scout musulman levanta la

123

bandera de Argelia. Un comisionado trata quitársela. Un joven de 26 años que se reapropia la bandera es disparado por un policía. La disparos de la policía causan pánico. Los manifestantes enojados atacan a los Franceses entre los cuales se sumaron 28 muertos y 48 heridos. La misma noche en Guelma durante un desfile, el sub-prefecto Achiary, un ex combatiente de la resistencia, ordena disparar contra los manifestantes. Hay un muerto y seis heridos entre los manifestantes. Un batallón de infantería, transportado por aviones prestados por los estadounidenses, llega el 9 en el día. Los Europeos organizan milicias a las que participan miembros del Partido Comunista Francés. De Gaulle, jefe del gobierno provisional francés, ordena intervenir. La represión del ejército y de la milicia de Guelma es de extrema violencia: ejecuciones sumarias, asesinatos de civiles, bombardeos de mechtas. La marina y la aviación participan con su respectiva artillería. Durante dos meses, el este de Argelia conoce el desencadenamiento de la represión. (Charles Tillon, como Ministro - PCF - Transporte, tiene información sobre la situación real en el día a día). Muchos cuerpos de argelinos no pueden ser enterrado y son arrojados a pozos, en las gargantas de Kherrata en Cabilia. Milicianos usan los hornos de cal de Heliopolis para hacerlos desaparecer. El castigo termina oficialmente el 22 de mayo. El ejército organiza ceremonias de sumisión en las que los hombres deben prosternarse ante la bandera francesa. Las víctimas europeas ascendieron a 102 muertos y 110 heridos, según el informe oficial. En cambio, los muertos argelinos oscilan entre 1000, según el informe oficial, y 40.000 de acuerdo con los estadounidenses. Los Argelinos los estiman en 45.000. La cifra se estima en la actualidad entre 10.000 y 20.000.[10]

Lo vemos, entonces, la cuestión de la liberación argelina no puede sino aprehenderse desde su correspodencia con la reciprocidad deseada de los Argelinos, como ciudadanos de segunda clase, respecto del gobierno colonizador.

El punto de partida de la Guerra de Independencia ocurre desde 1945, irónicamente en el momento de la conmemoración de la Liberación.

---

[10] *Ibid.*

De ahí que, sin querer queriendo, el término reaparece con una notable recurrencia en Fanon.

Ahora bien, por contraparte, la correspondencia entre la invasión nazi e la colonia francesa toma mayor énfasis en el uso similar de la represión.

Hemos nombrado el uso de hornos de cal para hacer desaparecer los muertos.

El soldado francés desertor Claude Vinci, contando en su libro su llegada en Cabilia, el 8 de agosto de 1956, se eleva, narra como llega con otros soldados a una aldea llamada las Puertas de Hierro, ocupado por ancianos, mujeres y niños:

"No había hombres. Ellos probablemente se habían ido a

esconder al monte. Fue entonces cuando nuestras tropas de élite empezaron a usar sus lanzallamas contra las mujeres y los niños que se convierten en antorchas vivientes, uno tras otro (...) Una gran cantidad de monstruos emergen de mi memoria. Oradour, por supuesto, la división SS Das Reich, los ochenta muertos de Argenton sur Creuse justo el día anterior de Oradour... Eran SS. Pero esta vez, eran franceses!"[11]

III. *LOS CONDENADOS DE LA TIERRA* COMO BIOGRAFÍA IDEOLÓGICA DE UNA ÉPOCA
4. Biografía de un hombre

Fanon, nacido en 1925, cursa su secundaria en el liceo Victor Schoelcher de Fort-de-France, donde Aimé Césaire es en aquella época docente.

---

[11] http://la-plume-francophone.over-blog.com/article-20947744.html

Durante la Segunda Guerra Mundial, se vuelve miembro del ejército regular en 1943, después de la renuión de las Antillas francesas al general De Gaulle. De regreso a Francia, habiendo recibido una citación por el General Salan, obtuvo una beca de la educación superior como veterano, lo que le permitió estudiar medicina, mientras tomaba lecciones de la filosofía y la psicología en la Universidad de Lyon.

De su experiencia de negro minoritario dentro de la sociedad francesa, surgirá *Piel Negra, máscaras blancas*, que obtuvo mala recepción en su salida en 1952.

Afirma que: "*El Sur americano es para el negro un dulce país comparado con los cafés de Saint-Germain*".

En 1953, se convirtió en médico-jefe de una división del hospital psiquiátrico de Blida-Joinville en Argelia.[12]

Notaremos del recorrido de Fanon en la vida que es cercano, o al menos que fue alumno de personajes como Merleau-Ponty cuando era estudiante universitario, y, antes, de Césaire, cuando era alumno de secundaria.

No podemos olvidar la situación ambivalente de Césaire, por un parte como principal difusor del pensamiento anti-colonialista, a prueba su famosa frase: "*Quiero borrar todas las sonrisas Banania de las paredes de París*", o su asunción de que el peor problema de Europa con el nazismo fue haber traído a su propio continente lo que hizo en el resto del mundo.

---

[12]https://fr.wikipedia.org/wiki/Frantz_Fanon

Y por otra como el máximo escritor negro premiado y repetidamente reconocido por la *inteligentsia* francesa.

Por otra parte, vemos que Fanon, por su recorrido personal, de nuevo, es un hombre de clase por lo menos media, lejos de representar al pueblo.
Su involucramiento político es, entonces, ante todo intelectual e ideológico.

A prueba el Prefacio que hace Sartre a su libro *Los condenados de la tierra*, sobre demanda explícita de Fanon. Sartre que Fanon cita abundantemente desde sus primeros escritos, y que Sartre encontrará en Roma en 1961, durante tres días, quedando Sartre "*seducido y conmocionado por (este) hombre*".[13]

El involucramiento de Fanon es entonces representativo de una clase media culta centroamericana y caribeña, educada dentro de interrogantes neomarxistas de post-Segunda Guerra Mundial, al igual que la Escuela de Francfurt en Alemania (desde los años 1950[14]), hasta *L'Anti-Œdipe* (1972) de Gilles Deleuze y Félix Guattari, clase media culta centroamericana y caribeña de la cual podemos citar, en particular, el dominicano Juan Bosch (1962-1963), el nicaragüense Carlos Fonseca Amador (con la creación del FSLN en 1961-1962), o el cubano Fidel Castro (opositor a partir del asalto

---

[13]*Ibid.*
[14]https://fr.wikipedia.org/wiki/%C3%89cole_de_Francfort

al cuartel Moncada en 1953, por el que fue condenado a prisión[15]).

5. Crítica literaria paratextual

El Prefacio de Sartre al libro de Fanon (hasta en su tamaño, que representa no menos de la décima parte del texto entero, aparece entonces, realmente, como un pequeño capítulo) tiene este doble carácter de representar una confirmación por el filósofo de la causa libertaria (desde finales de la Segunda Guerra Mundial, Sartre tuvo un programa radiofónico donde debatía su ideología), y de ser la antesala por un Francés blanco del libro anti-colonial del autor negro antillés.

Esta implícita relación nos parece prefigurar las dualidades que hemos en otra parte notado

---

[15]https://es.wikipedia.org/wiki/Fidel_Castro

respecto de Leopoldo Zea con su traducción al francés.[16]

Para simplificarlo, por el tamaño necesariamente limitado de una ponencia, digamos que reproduce lo mismo que critica: la relación de poder entre colonizador y colonizado.

6. Crítica ideológica contextual

La muerte de Fanon, a su vez, nos parece evidenciar esta encrucijada de su vida: en sus últimos meses de vida, fue, en el contexto de la Guerra Fría, atendido en Moscú, y después en Washington, donde muere.[17]

De los círculos de Césaire y Sartre, Fanon representa el mundo ideológico de su época.

---

[16] N.-B. Barbe, "*Leopoldo Zea y la crítica francesa: juegos discursivos y de poder*", *El Nuevo Diario*, 5/12/1998, p. 10.
[17] https://fr.wikipedia.org/wiki/Frantz_Fanon

Su cambio de nombre, con el pasaporte que logra obtener en 1958 como Ibrahim Omar Fanon[18], al igual que su involucramiento, como americano, en cuestiones políticas de África del Norte, involucramiento reforzado y predeterminado en cuanto francés (de ahí su involucramiento consecutivo, obligatorio, del lado de la "*Francia libre*" de De Gaulle, como toda Martinica[19], y después en el conflicto argelino como médico francés), martinicano (la isla tornándose departamento dentro del discurso sobre la descolonización sólo con la ley del 19 de marzo de 1946[20]) y negro (véase todavía la crisis racial de las

---

[18]https://fr.wikipedia.org/wiki/Frantz_Fanon#cite_note-12
[19]https://fr.wikipedia.org/wiki/Histoire_de_la_Martinique#An_tan_Rob.C3.A8.2C_la_Seconde_Guerre_mondiale
[20]https://fr.wikipedia.org/wiki/Martinique#Histoire

"*Tres Gloriosas*" de 1959[21]), se integran al contexto más general de la visión mitográfica del continente original, propia de la época, y de los movimientos de derechos humanos de post-guerra, en los Estados Unidos. De los cuáles cabe mencionar, específicamente aquí, el similar cambio de nombre de Cassius Clay a Mohammed Ali entre 1964 y 1965[22]. Siendo todavía más significativa la relación en cuanto los movimientos norteamericanos promueven la idea de un origen no sólo étnico sino también religioso en el Islam de la comunidad negra[23], como lo muestra, dentro de la Nation of Islam, además del cambio de nombre de Clay, la biografía de

---

[21]https://fr.wikipedia.org/wiki/Histoire_de_la_Martinique#.
C3.89mancipation_et_r.C3.A9pression_coloniale_.C3.A0
_la_Martinique
[22]https://fr.wikipedia.org/wiki/Mohamed_Ali_(boxe_anglai
se)#Cassius_Clay_devient_Mohamed_Ali
[23]https://fr.wikipedia.org/wiki/Nation_of_Islam

Malcolm X[24], mientras los movimientos independentistas argelinos provenían de la oposición entre musulmanes y europeos, como respectivamente colonizados y colonizadores.

El libro de Fanon se escribe, por otra parte, en el momento de la caída de Batista en 1o de enero de 1959, el reconocimiento del nuevo gobierno por Estados Unidos, y el enfríamento rápido de las relaciones entre ambas naciones por la nacionalización de los bienes extranjeros, en particular de la United Fruit Co.[25]

Muere el 6 diciembre de 1961, poco después de la abortada tentativa de la Bahía de los Cochinos de los 17-19 de abril del mismo año.

[24]https://fr.wikipedia.org/wiki/Malcolm_X#Nation_of_Islam
[25]https://fr.wikipedia.org/wiki/Cuba#Ind.C3.A9pendance

Muere a finales del año en que Lumumba fue asesinado, en enero, el 17.[26]

Dicho de otra manera, Fanon existe dentro de una ideología de la época fuertemente relacionada con la liberación y la autodeterminación de los pueblos, de índole de izquierda (Sartre-Cuba), y no tendrá tiempo de conocer los desarrollos de la situación cubana hasta una dictatura secular (que representan las Damas de Blanco), ni siquiera el final de la Guerra de Argelia, en 1962, con las contrapartes de las masacres francesa sobre las poblaciones indígenas, que fueron las masacres de Oran el 5 de julio de 1965[27], y

---

[26]https://fr.wikipedia.org/wiki/Patrice_Lumumba
[27]https://fr.wikipedia.org/wiki/Guerre_d%27Alg%C3%A9ri
e#Massacre_d.27Oran_.28juillet_1962.29

las masacres de Europeos y de Harkis[28].

No conecerá la invasión de Praga del 20-21 de agosto de 1968, que hará que un gran número de intelectuales franceses se apartaron del Partido Comunista[29], ni el encarcelamiento del poeta Heberto Padilla, que será causante, con la represión de los homosexuales, de la separación de Sartre con el "*líder máximo*" en 1971[30].

De ahí, obviamente, las aserciones de Fanon acerca de un modelo basado, paradójicamente, en la masa, y en la educación de ésta:

[28]https://fr.wikipedia.org/wiki/Guerre_d%27Alg%C3%A9rie#Massacre_d.27Europ.C3.A9ens_et_Harkis
[29]https://fr.wikipedia.org/wiki/Parti_communiste_fran%C3%A7ais
[30]https://fr.wikipedia.org/wiki/Jean-Paul_Sartre#Cuba

"Pero politizar es abrir el espíritu, despertar el espíritu, dar a luz el espíritu. Es como decía Césaire: "inventar almas". Politizar a las masas no es, no puede ser hacer un discurso político. Es dedicarse con todas las fuerzas a hacer comprender a las masas que todo depende de ellas, que si nos estancamos es por su culpa y si avanzamos también es por ellas, que no hay demiurgo, que no hay hombre ilustre y respon-sable de todo, que el demiurgo es el pueblo y que las manos mágicas no son en definitiva sino las manos del pueblo."[31]

Lo que implica la construcción de una estructura de poder compleja, de *aparatchiks*, que norme la vida de dicho pueblo,

---

[31]Frantz Fanon, *Los condenados de la tierra*, trad. de Julieta Campos, México, Fondo de Cultura Económica, 1983, pp. 97-98.

supuestamente dueño de sí mismo, al mismo tiempo que ello impone la anulación del individuo (el éxito personal) en la colectividad:

"*En este campo, el gobierno debe servir de filtro y de estabilizador. Los comisarios encargados de la juventud en los países subdesarrollados cometen frecuentemente errores. Conciben su papel a la manera de los comisarios encargados de la juventud en los países desarrollados. Hablan de fortalecer el alma, de desarrollar el cuerpo, de facilitar la manifestación de cualidades deportivas. En nuestra opinión, deben cuidarse de esta concepción. La juventud de un país subdesarrollado es frecuentemente una juventud ociosa. Primero hay que darle ocupación. Por eso el comisario para la juventud debe depender institucionalmente del Ministerio del Trabajo. El Ministerio del Trabajo, que es una necesidad en un país subdesarrollado, funciona en estrecha colaboración con el Ministerio de Planificación, otra necesidad en un país subdesarrollado. La juventud africana no debe dirigirse a los estadios, sino al campo, al campo y a las escuelas. El estadio no es ese sitio de exhibición instalado en las ciudades, sino un espacio en medio de las tierras que se siembran, que se trabaja y se ofrece a la nación. La concepción capitalista del deporte es fundamentalmente distinta de la que debe-tía existir en un país subdesarrollado. El político africano no debe preocuparse por formar deportistas sino, hombres conscientes que, además, sean deportistas. Si el deporte no se integra a la vida nacional, es decir, a la construcción nacional, si se forman deportistas nacionales y lo hombres conscientes pronto se contemplará la podredumbre del deporte por el profesionalismo, el comercialismo. El deporte no debe ser un juego, una distracción que se brinda la burguesía de las ciudades. La tarea más importante es comprender en todo momento lo que sucede en el país. No hay que cultivar lo excepcional, buscar el héroe, otra forma del líder. Hay que elevar al pueblo, ampliar el cerebro del pueblo, llenarlo, diferenciarlo, humanizarlo.*

Volvemos a caer en la obsesión que nos gustaría ver compartida por todos los políticos africanos, la necesidad de ilustrar el esfuerzo popular, de iluminar el trabajo, de desembarazarlo de su opacidad histórica. Ser responsable en un país subdesarrollado es saber que todo descansa en definitiva en la educación de las masas, en la elevación del pensamiento, en lo que suele llamarse demasiado apresuradamente la politización."[32]

IV. FANON COMO MODELIZADOR DE LAS REALIDADES RECURRENTES DEL ISTMO

7. El modelo

Sin embargo, si bien estas aserciones, similares, en cierto sentido, a la ideología de un Carlos Fonseca en Nicaragua, contemporáneamente, no había pasado por el conocimiento de la Revolución Cultural china de 1966, el modelo que ofrece Fanon distingue tres grandes ejes:

1. El líder de oposición independentista que se pone del lado del poder colonial en

---

[32]*Ibid.*, p. 97.

criticando el recurso a la violencia como medio de liberación, lo que es una negación del estado de sometimiento y de su necesaria consecuencia, como una violencia provoca siempre otra como respuesta;

2. El colonizado que, acediendo al poder, se convierte en el verdugo de sus compatriotas, reproduciendo el modelo colonial, sustituyéndose, nada más, como persona, en el poder, al antiguo colono;

3. El problema de la repetición de modelos, en los cuales Fanon incluye el anterior, de imposibilidad de liberarse de una situación de dependencia, la reconstrucción, ya pensada

por el país colonizador, y pre-aceptada por el país descolonizado, como única vía de poder seguir viviendo sin recurrir a la pérdida de benéficios económicos, lo que se inscribe perfectamente, doblemente, en el caso del asesinato de Lumumba, justo después de que rehuzará la ayuda del antiguo colón belga, y de la situación, en general, de descolonización de los países africanos, quienes tuvieron, para obtener su independencia, acceder a pagar al antiguo colonizador un impuesto anual por los "*beneficios de la colonización*", resultado aquel acuerdo, primero firmado por el presidente del Togo Sylvanus Olympio, quien lo ideó para poder salirse del pacto de colonización propuesto por De Gaulle, y después por otros trece presidentes, del miedo por lo ocurrido en Guinea en 1958, cuando la élite colonial francesa destruyó todo lo construido en el país cuando Sékou Touré, que cita Fanon[33], decidió salir del imperio colonial francés.[34]

8. Comparación

Este modelo de interconexiones antropológicas y psicológicas entre colonizador y

[33]*Ibid.*, pp. 99 y 102.
[34]http://www.mondialisation.ca/le-saviez-vous-14-pays-africains-contraints-par-la-france-a-payer-limpot-colonial-pour-les-avantages-de-lesclavage-et-de-la-colonisation/5369840

colonizado tiene hoy vigencia, por una doble razón:

1. Representa perfectamente la situación de muchos países del istmo, en su pasado como en su presente, que viven sometidos, ya no por invasores externos, sino por un poder coercitivo interno, dentro del cual la oposición se vuelve parásita del poder de turno, sin otra meta real que de perpetuarlo por las ganancias que saca de él, poder que, en la mayoría de los casos, amén del discurso explícito, en los hechos, sin importar la bandera política bajo la cual se reconoce, no está interesado en el desarrollo del país, sino en la

aparición mágica de fondos extranjeros para los delirios propios del gobernante de turno;

2. Prefigura, en su consideración del modelo de colonización como megaestructural de una realidad general de la organización capitalista (pero también, agregaríamos, de intercambios colonizadores [y/o poder entre país del uno sobre el otro] de donde sea que vengan), el libro, que fue regalado por Chávez a Obama, *Las venas abiertas de América Latina*, de hecho publicado diez años después del libro de Fanon, en 1971.

9. Galeano y Fanon

Mientras el libro de Fanon, todavía dependiente de Sartre y de la perspectiva filosófica, se desarrolla en cinco capítulos (los cuatro primeros sobre conceptos: la violencia, el espontaneísmo, la "*conciencia nacional*" y la "*cultura nacional*", el quinto sobre casos psicológicos), el libro del uruguayo Eduardo Galeano, a su vez dividido en dos partes, que son conceptuales ("*Primera parte: La pobreza del hombre como resultado de la riqueza de la tierra*" y "*Segunda parte: El desarrollo es un viaje con más náufragos que navegantes*"), en vez de concentrarse sobre un caso específico, es un largo viaje histórico y geográfico, que abarca el conjunto de los países latinoamericanos dentro de su relación, primero con la Colonia, después con el imperialismo financiero de las compañías norteamericanas.

La definición macroestructural, en Galeano, de la América Latina tomada dentro de un juego de poder político y económico que la trasciende y proviene del imperialismo, tema modernista (Rodó, Martí, Darío), tiene todavía sus raíces en la literatura contemporánea con el *Canto General* (1938-1950) de Pablo Neruda[35], a su vez modelizado sobre la histórica, para Chile, *La Araucana* (1569, 1578 y 1589) del español Alonso de Ercilla.

Es, como en el caso de Fanon, interesante el hecho de que

---

[35]Basta para convencerse de ello de citar sus secciones: "*La Lámpara en la Tierra*"; "*Alturas de Machu Picchu*"; "*Los Conquistadores*"; "*Los Libertadores*"; "*La Arena Traicionada*"; "*América, No Invoco Tu Nombre en Vano*"; "*Canto General de Chile*"; "*La Tierra se Llama Juan*"; "*Que Despierte el Leñador*"; "*El Fugitivo*"; "*Las Flores de Punitaqui*"; "*Los Ríos del Canto*"; "*El Gran Océano*"; "*Yo Soy*".

el título de Galeano, implícitamente, asume, por oposición a una terminología, por cierto limitada (hispanoamérica no contempla, por ejemplo Brasil), otra, marcada por la intención colonial francesa abortada de Napoléon III y sus intelectuales en América, llamada Latina para justificar la intervención de un país de lengua y cultura no hispánica pero sí romance en el México y, en general, el continente.

Como lo revelan los títulos de las partes de Galeano, sin embargo, quita el lugar epistemológico de la ideología y la política, al que se dedica Fanon, para estudiar el problema, mucho más pragmático, de la economía, que si bien Fanon, lo acabamos de decir, lo evoca, no es para él sino la consecuencia de la colonización como problema cultural y racial, cuando para Galeano, con el que estaríamos más de acuerdo en este particular (lo vemos claramente con las intervenciones repetidas desde los años 1980 en la región medio oriental, de Afganistán e Irak-Irán, casualmente abundante en energía fósil), es, al contrario, el punto de partida de toda la relación cultural y política entre los países.

V. CONCLUSIÓN
10. Conclusión general
Vemos así como los aspectos presentes en Fanon rigen, transversalmente, el discurso caribeño y centroamericano, haciéndolo un todo, a pesar de su aparente, y, de manera muy interesante, autoproclamada, fragmentación.

En primera instancia se revela que el estatuto de Fanon como autor *martinicais*, negro, lo vuelve paradigmático de lo que Werner Mackenbach[36] ha definido, después de los autores mismos, como el archipielagismo del pensamiento del istmo, a la vez que el hecho de que su discurso nace y se asienta (en *Los condenados de la tierra*) en su práctica extracontinental, en Algería, reenfatiza dicha dialéctica (el negro, como lo comenta el mismo Fanon en la frase comparativa citada de América con los cafés parisinos, como ciudadano de segunda clase; la colonia y el departamento de ultramar versus la metrópolis, relación que se reafirma entre la Martinica y la Argelia respecto de Francia metropolitana).

---

[36]Werner Mackenbach, "*El Caribe y Centroamérica - Tróp(ic)os en movimiento. Acercamientos a un paisaje archipiélico de pensamiento y escritura*", III Coloquio de Investigación RedISCA, Universidad de Aix-en-Provence, 2012.

Por otra parte, vimos cómo el texto de Fanon modeliza consideraciones directamente pertinentes para entender, como un calco, muchas situaciones actuales aún en la región.

Paralelamente, vemos que esta doble territorialización, *de facto*, del discurso (implementada además por el recurso referencial [en la relación a Sartre en particular, y a Césaire por otro lado] a la situación de las luchas de independencia de la colonia metropolitana en la postguerra francesa [de ahí el concepto de "*liberación*", en particular por los Argelinos]) prefigura dos variables: el discurso caribeño, en particular negro[37], como asunción del concepto de "*arquipielagismo*", el cual será retomado por los intelectuales centroamericanos

---

[37] *Ibid.*

(dentro del discurso acerca del mestizaje), y la difusión del modelo de la relación colonizador-colonizado (Fanon) como expresión de una ontología plural (no occidental, *des-terrada*) versus un modelo enajenante, totalitario, monolítico y universal en sentido negativo (de imposición económica, política e ideológica) que es el occidental que estudia Galeano en *Las venas abiertas de América Latina*.

VI. ADDENDUM
11. Un replanteo del discurso político de Fanon y Galeano desde los datos de la actualidad

Vemos, por otra parte, que Fanon, en el modelo de representación de la situación argelina concreta, que se ubica, entre otros, dentro de las contradicciones entre, por ejemplo,

Hadj y Abbas, nos presenta una modelo todavía vigente hoy, y que, además, permite entender, no sólo la historia de América Latina en su transcurso, sino el modelo general de gobiernos en el mundo.

Nos presenta, como dijimos, las dos vertientes de la misma cara: la del dictador absoluto y de sus secuaces, quienes reproducen un modelo de dominación, y el grupo de los intereses encontrados, que en Nicaragua se expresa en el pueblo bajo el concepto de la "*chanchera*" (para hablar de la Asamblea Nacional del tiempo de Somoza) y de la oposición "*zancudo*" (que vive a costillas del dictador, acomodándose con él).

En cuanto a la cuestión más particular de la reproducción en sí, no cabe duda que el modelo impuesto tiene sus raíces en la relación dominante-dominado, es decir que lo común de la clase al poder es haber hecho sus estudios en el exterior, precisamente, por la misma situación de Tercer Mundo del país, en cualquier lugar que sea (Estados Unidos, Rusia o Europa), siempre formándose a las tesis del dominador imperial, de cualquier lado que las necesidades e ideologías de éste se ubiquen. Este formato es, de hecho, heredado del principio romano de formación de la clase dirigente de los pueblos conquistados en la capital del Imperio, para que sigan teniendo ideología, ideas, e intereses económicos relacionados con el poder, y los trasladen a sus pueblos, de los cuáles siguen siendo los reyes. La Colonia española reprodujo exactamente este modelo. Esta relación de dependencia pudiendo definirse a como el pintor Malevich lo hace

negativamente como la de los
"*negros con bombín y paraguas*",
imagen que todavía encontramos
en *Tintin en África*.

Sin embargo, esta perspectiva
no es suficiente para comprender a
cabalidad lo que ocurre en la
transferencia permanente de lo
que, para simplificar, podríamos,
según la terminología aceptada,
pero insuficiente, denominar la
entrega sistemática de la soberanía
nacional, y de la
autodeterminación. De hecho, si
bien vemos un juego de poder
reproducirse, retomando de nuevo
el ejemplo que mejor conocemos
que es el Nicaragua, del Tratado
Chamorro-Bryan (los Chamorro
siendo una de las contadas familias
al poder desde hace dos cientos
años en el país) a los acuerdos
para el actual Gran Canal de
Nicaragua, esta vez con China,

hay, si bien una similitud exacta en el procedimiento, una diferencia fundamental en las circunstancias.

Hoy no podemos (si es que en aquel momento realmente se podía) hablar de dominio hegemónico de ningún gobierno extranjero sobre el país. Dicho de otra forma, la entrega se hace por voluntad propia, no propiciada por ninguna otra causa que la del interés personal, particular, del gobernante.

Podemos sintetizarlos así. El modelo, estudiado por Galeano, que funciona sobre la idea del imperialismo extranjero (en el caso de la relación de la América Latina independiente de la Colonia con los Estados Unidos), si se lee dentro de un marco lógico un poco distinto, revela ser, en el menor de los casos (entre países ricos) el del habitual intercambio y traslado de capital (China está actualmente comprando buena parte del patrimonio de Grecia, así como de empresas francesas; los países Árabes han comprado hace varios decenios buena parte de los Campos Eliseos), el estatuto ahí de las clases laborales, como diría Engels de la cuestión femenina, no teniendo que ver con una cuestión (sino de género) de raza, sino de clase social.

Y, en el peor de los casos (entre un país pobre y uno rico), de decisión del país pobre. Todas las veces que intervinieron los Estados Unidos en Nicaragua, fue por llamado explícito de un bando nacional u otro. Vencida la dependencia con Estados Unidos, se buscó otro amo, que fue la Unión Soviética. Se puede al infinito apuntar que las circunstancias impusieron al pequeño país defenderse con el bloque enemigo de Estados Unidos contra el Goliath imperialista. Sin embargo, vemos, con el caso de la Nicaragua actual, que el caso no es tan simplemente "blanquinegro".

Así, las calles mismas de Nicaragua, no sólo de la capital, sufrida de la guerra (mas las demás ciudades no lo fueron tanto, y sin embargo conservan el mismo perfil general), en su ausencia de nomenclatura urbana (las calles no tienen nombre [salvo algún que otro rastro aislado y no utilizado, como en Masaya], y no hay número de casas, por lo que no se dan direcciones en base a estos datos universales [las ciudades tampoco tienen código postal, menos los barrios, por ejemplo de la capital], sino en base a lugares existentes [como negocios], o, la mayoría de las veces desaparecidos [de ahí muchas direcciones que empiezan por: "*De donde fue*", como la paradigmática: "*De donde fue el arbolito*", no siendo éste nada más que lo que dice, es decir ni siquiera un lugar edilicio]), las calles nicaragüenses, decimos, en su ausencia de nomenclatura, revelan, más que un mero problema lingüístico, una estructura social, en la que:

1. Obviamente, lo dijimos, aunque falte de precisión dicha explicación (lo dijimos también la mayoría de las ciudades nacionales, que no sufrieron, o muy poco, los estragos de la guerra y del Terremoto de 1972, tienen el mismo modelo urbano que la capital, centro de todas las luchas), esta ausencia de nomenclatura nos revela una

ciudad que pasó por un terremoto importante en su centro apenas reconstruido (después de 1931) y una guerra de varios años, seguida por un Estado de hecho de diez años;

2. Sin embargo, al cabo de 40 años de terremoto, y de 30 años de fin de cualquier guerra, la no recontrucción aún nos plantea el buen o mal uso de los recursos públicos, queramos o no, por lo que nos muestra que las autoridades "*zancudo*" (de la Nación y de sus impuestos) no están ahí sino para aprovecharse del erario público, sin ninguna meta particular de mejorar o hacer

evolucionar el país, responsabilidad mínima, sin embargo, asumida, aunque fuese a la fuerza, en cualquier país medianamente normal - y eso no tiene, viéndolo desde la problemática del desarrollo urbano y de la nomenclatura urbana, absolutamente nada que ver con ningún supuesto imperialismo externo -;

3. Nos enfrentamos entonces, por sentido común, a un modelo que, más que heredado, es genuino, en el que las autoridades propiamente nacionales, sin ninguna influencia externa, en la gran mayoría de los casos, buscan fondos extranjeros para componer o mejorar

cualquier tipo de cosas
(desde los Centros
departamentales del
Ministerio de Turismo a la
restauración o construcción
de la catedral, pasando por la
creación o rehabilitación de
centros educativos, de salud o
de barrios enteros), no por
preocupación particular hacia
el pueblo (sino los resultados
serían altamente visibles),
sino porque la mayor parte de
dichos financiamientos
directos pasan por el bolsillo
del gobernante; lo que, como
Europeos también en esta
época igualmente infinita de
crisis (ya que tiene, a dos
años [pensamos al choque
petrolero de 1974], la misma

edad que el caso nicaragüense), debería hacernos reflexionar sobre, como dijimos, la validez mucho más general del modelo propuesto por Fanon, quien, equivocadamente, a nuestro parecer, quiso absolver la culpa individual del colonizado poniéndola freudianamente únicamente en el Padre (como símbolo psicológico [se habla, todavía hoy en día, de la Madre Patria para referirse a España como creadora de la América Hispana]) colonizador, cuando, por contentarse (también porque no tuvo tiempo biográfico de reajustar su pensamiento en función de lo ocurrido posteriormente a su muerte) de la idea, de origen religiosa, de la predeterminación, obvió el concepto paralelo de libre albedrío (no todos los niños que tuvieron padres violentos tienen [por reproducción] - ni deben [por ética personal] - que serlo con sus propios hijos).

Sin embargo, la equivocación de Fanon no debe hacernos perder de vista que, para parafrasear de nuevo Césaire, su pecado para el sistema colonizador fue, sin duda, idénticamente, de haber intuído, aunque dentro de una maniqueo y arquetípico comunismo curiosamente para un psicólogo que iba contra el individuo, por ende contra las personas (ningún sistema siendo sino la suma de todas sus individualidades, la masa como tal, el Pueblo con P mayúscula no existe más que la Mujer con M mayúscula, o el Estado o la Nación, son todas construcciones mentales), o al menos de haber dado ciertos pasos para permitirnos, hoy, comprender, como lo acabamos de hacer, que el modelo colonial no es, en términos esta vez engelsianos (o de la repuesta al marxismo, aunque negativa, de Haya de la Torre [que nos parece también equivocada, ya que pensamos que el imperialismo no trae nunca desarrollo a un país, ni técnicas, y que por ende no es el primer paso de la industrialización sino, como lo planteaba bien Marx

contrariamente a la crítica de Haya
de la Torre al respecto, el último
paso del capitalismo]), sino una
particular expresión del modelo
mucho más general de imposición
y imposición de las Naciones (es
decir, de los pueblos) a los Estados
(es decir, los gobiernos), apoyando
al poder financiero, que es el único
real (del tzar y su administración al
dictador de izquierda y sus
aparatchicks [si comparamos la
descripción del modlo tzarista en
Dostoïevski y los autores del siglo
XIX con el administrativo soviético
en Bulgakov, vemos que es
idéntico], del modelo estatal
monolítico y autocrático al
capitalismo con uno por ciento de
la población que tiene el 45% [y

probablemente más] de la riqueza mundial).

También, a nivel individual, nos revela que, las mismas familias que siguieron a Somoza siguen a Ortega, como los mismos que fueron colaboracionistas durante la Ocupación se volcaron resistantes posteriormente. La humanidad, en cuanto a cada individuo como tal, es mala. Y lo mismo que permite el desarrollo de la sociedad, es decir el genio individual, con lo que absolutamente no tienen nada que ver ni los Estados, ni las Naciones, ni las masas, es lo que crea el interés personal, en pequeño (el secuaz = el colonizado complice [se sabe que el esclavismo fue posible porque los mismos reyes negros vendían a los Europeos los prisioneros de sus guerras, sistema idéntica al romano, dicho de paso]) o en grande (el dictador = el colonizador), provocando que ningún sistema pueda ser válido (es decir, invalidándolo porque lo hace inútil ante la desgraciada búsqueda de la satisfacción personal contra todos los demás).

A lo cuál que hay que agregar, finalmente, como lo decía el mexicano José Ingenieros en *El hombre mediocre* (1913), y como lo confirman los datos sociológicos sobre los problemas de los sobredotados en el sistema escolar, que los machaca en vez de hacerlos sobresalir (la gran mayoría no llegando ni a bachillerarse)[38], la sociedad está

[38]V. a este propósito el artículo, resumen de tesis doctoral, publicado en la revista *Quipos* de la sección

hecho por y para los mediocres, por lo que cualquier gran idea de cualquier genio pensante se pierde, se interpreta, obligatoriamente, desde la muy limitada comprensión, por esencia mediocre también, de los mediocres, que, como se diría en buen nicaragüense, "*le hacen chacuato*".

El gran papel de Fanon, para nosotros, es haber denunciado, en el mundo colonial, la complicidad con el poder, y el carácter de interés de esta complicidad, lo que, en nuestros tiempos, podemos, asiéndonos de la demostración de Galeano en su libro, enunciar como el origen económico de la perversión del gobierno, que vemos desde la dictadura floja del Primer Mundo (caso del gobierno Obama pagando a los bancos, como lo denuncia Michael Moore en *Capitalism: A Love Story*) a las duras del Tercer Mundo, como lo revela la permanencia de la colusión entre la empresa privada en sus máximos representantes (véase las declaraciones de Carlos Pellas[39] o la sumisión del Consejo Superior de la Empresa Privada COSEP al gobierno del momento), desde la época de Somoza a la actual.

---

[39]V. https://www.youtube.com/watch?v=_Irb94lm0gU; Andrés Pérez Baltodano, "*Lo que une a Carlos Pellas con el jefe del "Estado Mara"*", http://www.nicaraguahoy.net/principal/nicaragua_estado_mara_pellas; Ramón Potosme y Lucía Navas, "*Carlos Pellas: "vivimos en un país abierto"*", La Prensa, 5/9/2013; "*El Estadista Daniel Ortega y Carlos Pellas: "Nicaragua en el punto de despegue"*", 17/9/2013, http://www.el19digital.com/articulos/ver/titulo:13175-el-estadista-daniel-ortega-y-carlos-pellas-nicaragua-en-el-punto-de-despegue